JOST KOBUSCH
ICH OBEN ALLEIN
VOM ÜBERLEBEN EINES JUNGEN SOLO-BERGSTEIGERS

JOST KOBUSCH

ICH OBEN ALLEIN

VOM ÜBERLEBEN EINES JUNGEN SOLO-BERGSTEIGERS

riva

Bibliografische Information der Deutschen Nationalbibliothek
Die Deutsche Nationalbibliothek verzeichnet diese Publikation in der Deutschen Nationalbibliografie. Detaillierte bibliografische Daten sind im Internet über http://dnb.d-nb.de abrufbar.

Für Fragen und Anregungen
info@rivaverlag.de

Wichtiger Hinweis
Ausschließlich zum Zweck der besseren Lesbarkeit wurde auf eine genderspezifische Schreibweise sowie eine Mehrfachbezeichnung verzichtet. Alle personenbezogenen Bezeichnungen sind somit geschlechtsneutral zu verstehen.

Originalausgabe
3. Auflage 2022

© 2017 by riva Verlag, ein Imprint der Münchner Verlagsgruppe GmbH
Türkenstraße 89
80799 München
Tel.: 089 651285-0
Fax: 089 652096

Alle Rechte, insbesondere das Recht der Vervielfältigung und Verbreitung sowie der Übersetzung, vorbehalten. Kein Teil des Werkes darf in irgendeiner Form (durch Fotokopie, Mikrofilm oder ein anderes Verfahren) ohne schriftliche Genehmigung des Verlages reproduziert oder unter Verwendung elektronischer Systeme gespeichert, verarbeitet, vervielfältigt oder verbreitet werden.

Alle Bilder stammen aus dem Archiv des Autors, außer S. 14 unten © Hayat Tarikov, S. 22 © Kuntal Joisher, S. 31 unten © Luis Miguel López Soriano, S. 26 f. unten © 3D Reality Maps

Redaktion: Sabine Aigner
Lektorat: Mischa Gayring
Umschlaggestaltung: Marc-Torben Fischer, München
Umschlagabbildung: shutterstock.com/Daniel Prudek unter Verwendung eines Porträts von Jost Kobusch
Illustrationen: shutterstock.com/Miceking, shutterstock/JAPARA
Satz: inpunkt[w]o, Haiger (www.inpunktwo.de)
Druck: GGP Media GmbH, Pößneck
Printed in Germany

ISBN Print 978-3-7423-0079-9
ISBN E-Book (PDF) 978-3-95971-675-8
ISBN E-Book (EPUB, Mobi) 978-3-95971-674-1

Weitere Informationen zum Verlag finden Sie unter

www.rivaverlag.de
Beachten Sie auch unsere weiteren Verlage unter www.m-vg.de

Inhalt

Prolog: Der Tag, an dem die Erde nicht stillstand	7
1. Am Abgrund	13
2. Zukunft braucht Herkunft	27
3. Ein schlimmer Fehler	39
4. Der junge Wilde	49
5. Dunkelste Nacht	65
6. Zerplatzte Träume	73
7. Das größte Geschenk	83
8. Plan versus Realität	93
9. Lhotse oder der schlechteste Film der Welt	103
10. Das perfekte Chaos	115
11. Eine schlechte Entscheidung	127
12. Im Angesicht des Todes	145
13. Besser scheitern	157
14. Dark Night of the Soul	171

15. Das Tor zur Welt	177
16. Geben	191
17. Die Quelle des Wissens	199
18. Allein ohne Sauerstoff	209
Epilog: Lerne und wachse	221

Besonderheit: 1 Wiedergeburt
Zeit: April 2015
Alter: 22 Jahre
Ort: Lhotse (8516 Meter) / Nepal

Prolog: Der Tag, an dem die Erde nicht stillstand

Ich halte das Handy so fest umklammert in meiner Hand, als ob mein Leben davon abhängen würde. Instinktiv ducken wir uns hinter ein kleines Zelt, als die Lawine mit voller Wucht einschlägt und über uns hinwegschießt. Nur mein Arm ist noch immer in die Luft gestreckt und trotzt der gewaltigen Druckwelle. Wenn uns dieses Mistding trifft, dann möchte ich es zumindest auf Video haben. Das Laufen auf fast 5400 Meter hat mir die Luft aus den Lungen gesaugt. Ich bin völlig außer Atem. Vereinzelt höre ich im Getöse Rufe und Schreie, die jedoch keinen Sinn ergeben und die die pure Angst der Menschen um uns herum widerspiegeln. Ich kann nicht fassen, wie schnell sich die Zeltstadt, die sich über eine Länge von etwa 1,7 Kilometer auf einer Gletschermoräne erstreckt und um diese Jahreszeit fast tausend Menschen aus aller Welt beherbergt, in ein Chaos verwandelt.

Eigentlich ist der Morgen des 25. April 2015 ein Morgen wie jeder andere. Um acht Uhr ist Frühstückszeit im Base Camp. Da ich noch einen ganzen Monat Zeit habe, bis das optimale Gipfelwetter eintrifft, gönne ich mir heute etwas Ruhe und sehe dem Tag entspannt entgegen. Obwohl ich mich hier auf 5360 Metern im Everest Base Camp befinde, ist mein Ziel ein anderes. Ich möchte auf den Lhotse, den vierthöchsten Berg der Erde. Neben ihm ragt der Mount Everest empor, mit welchem er über dessen Südsattel verbunden ist. Mit seinen 8516 Metern und seinen von Schnee und Eis bedeckten Flanken und der imposanten Südwand stellt der Lhotse eine nicht minder gewaltige Erscheinung dar als der um knapp 330 Meter höhere Mount Everest, welcher vom Base Camp aus nur als kleine schwarze Pyramide im Hintergrund ausgemacht werden kann.

Morgen möchte ich noch einmal zum Camp 1 und dann weiter zum Camp 2 auf 6400 Meter Höhe aufsteigen, um neue Lebensmittel- und Brennstoffreserven anzulegen und mich weiter zu akklimatisieren. Ich verzichte bei meinen Expeditionen ganz bewusst auf die Unterstützung von Trägern oder auf Flaschensauerstoff. Oberhalb des Base Camps bin ich ganz auf mich allein gestellt. In diesen Höhen, weit oben am Berg, gibt es niemanden, der mir in einer Notsituation helfen könnte. Alles andere käme mir so vor, als ob ich die Umgebung an meine Kräfte anpassen würde. Es würde sich wie Betrug anfühlen. Doch die Herangehensweise an sogenannte Solo-Expeditionen ist zeitintensiv und auch kräftezehrend. Da ich leider nicht an einem Tag bis zum Gipfel hoch- und wieder runterlaufen kann, ist die Planung, was ich wann und wo am Berg brauche, essenziell. Planungsfehler können mich im besten Fall den Gipfel kosten, im schlimmsten Fall haben sie aber ernsthafte, vielleicht sogar lebensbedrohliche Konsequenzen. Dass ich mich nun in dieser gefährlichen Situation befinde, hat aber definitiv nichts mit einem Planungsfehler zu tun.

Ich sitze mit meinen Freunden im Essenszelt, als der Tisch plötzlich zu wackeln beginnt. Aber niemand reagiert besorgt, wir finden es sogar richtig lustig. Ein Erdbeben? Wie aufregend! Wir stürmen nach draußen, um uns umzusehen. Ich habe noch nie ein Erdbeben miterlebt und dieses scheint sogar ein starkes zu sein. Der Boden bewegt sich und schwankt, als befände ich mich auf einem kleinen Segelboot bei hohem Wellengang auf offener See. Ein tosendes Grummeln und Brummen liegt in der Luft, als ob ich im Herzen eines laufenden Dieselmotors stehen würde. Wir lachen und suchen mit unseren Blicken den Berg nach kleinen Stein- und Eislawinen ab, die sich polternd den Weg nach unten bahnen. Meine große Kamera liegt im Zelt, deshalb hole ich mein Handy heraus und beginne zu filmen. Das gibt bestimmt einen interessanten Eintrag für meinen Blog. Ich schaue in die mittlerweile durch einen Dunst eingehüllte Landschaft und bemerke plötzlich, wie die Menschen, die vor mir stehen, wegzulaufen beginnen. Ich blicke mich um und der Anblick dessen, was sich gerade vor meinen Augen abspielt, trifft mich unerwartet und resultiert in einem gewaltigen Schock. Ich sehe eine gigantische Lawine auf mich zurasen. Ich kann ihre Maße nicht einschätzen, aber so groß stelle ich mir einen Weltuntergangs-Tsunami vor. Ich bleibe einfach stehen, es ist mir unmöglich, mich zu bewegen. Mein Körper ist wie gelähmt. Um mich herum ist mittlerweile das Chaos ausgebrochen. Menschen laufen um ihr Leben. Laufen an mir vorbei, in alle Richtungen. Ich bin wie festgewachsen. Während sich die Lawine immer höher vor mir auftürmt, hämmert nur eine einzige Frage in meinem Kopf: »Macht es überhaupt Sinn wegzulaufen?!« Mein Gehirn stellt auf Autopilot um und sendet ein simples Signal, das sich laufend wiederholt: »Schmeiß dich hinter irgendetwas.« Ich renne los. Ein aus Stein gebauter Stupa zieht an mir vorbei. »Schmeiß dich hinter irgendetwas.« Ich lasse zwei Zelte hinter mir. »Schmeiß dich hinter irgendetwas.« Ich sehe Kuntal und Taro, zwei meiner Freunde, hinter einem Zelt hocken und springe hinzu. Ob das Zelt dieser Naturgewalt überhaupt standhalten kann, ist in diesem Moment nebensächlich. Ich kann jetzt nur noch abwarten.

Wie viel Zeit ist seit dem ersten Wackeln und jetzt vergangen? Sekunden, Minuten, Stunden? Zack! Sofort werde ich wieder aus meinen Gedanken gerissen, denn feiner Schneestaub dringt in meinen Mund und meine Nase ein. Ich kann kaum atmen. Es fühlt sich an, als ob ich ersticken würde. Ich bin kurz davor, in Panik zu geraten. Aber alles fühlt sich ein wenig seltsam und distanziert an, fast so, als ob ich die Kontrolle über Körper und Geist verloren hätte. Weil ich vor der Lawine gemütlich im Base Camp gesessen habe, ohne mich viel zu bewegen, habe ich zum Glück eine dicke Daunenjacke an, die ich nun als zusätzlichen Schutz über meine beiden Freunde und mich ausbreite. Für mich reine Selbstverständlichkeit. Die enorme Druckwelle wird dadurch etwas abgeschwächt. Wir ringen nach Luft und pressen zwischendurch ein »Fuck« heraus, um unserer Angst und Anspannung Ausdruck zu verleihen. Alles um mich herum beginnt zu verschwimmen. Mein Herz hämmert eine

Tracht Prügel in meinen Körper. Alles um uns herum wird immer weißer. Ich habe das Gefühl, dass die Umgebung mit jedem Herzschlag pulsiert. Ich weiß nicht, was hier gerade passiert. Ich kann nicht denken. Aber ich spüre eins genau: Ich werde hier sterben. Und es macht mir nichts aus.

Gestorben bin ich offensichtlich nicht. Sonst hätte ich dieses Buch nicht schreiben können. Das Video, mit dem ich diesen Moment festhielt, habe ich einen Tag später zur Berichterstattung auf YouTube hochgeladen. Es ist ein Zeugnis darüber, wie ich und die anderen überlebt haben, zugleich dokumentiert es einen Moment des Glücks, den ich teilen wollte. Auch um allen, die sich um mich sorgen, zu zeigen, dass es mir gut geht. Mein Status-Update verbreitet sich viral und mit enormer Geschwindigkeit. Grund dafür sind die Aktualität, die Intensität und nicht zuletzt meine vielen »Fucks«, die auf dem Video zu hören sind. Innerhalb von vier Tagen erhält es etwa 20 Millionen Klicks. Zuerst freue ich mich darüber, aber dann frage ich mich, ob es moralisch richtig war, das Video hochzuladen. Schließlich profitiere ich vom Grauen eines Unglücks und vom Tod anderer Menschen. Das Video selbst hat mir Geld eingebracht und mich auf der ganzen Welt bekannt gemacht. Doch hat es durch die weltweite Ausstrahlung im Fernsehen auch Millionen von Menschen ein negatives Bild von Nepal vermittelt. Die Touristen haben Angst, in dieses wunderschöne Land zu reisen. Das ist eine Menge Verantwortung, die ich zu tragen versuche.

Sicherlich mag es übertrieben sein, das alles diesem Video zuzuschreiben, aber ich hatte große Schwierigkeiten damit, die ganze Sache richtig einzuordnen. Ich hatte Angst, dass es schlichtweg falsch war, den Clip hochzuladen. Ich hatte Angst davor, für mein Handeln kritisiert zu werden. Aber dann begann ich darüber zu sprechen und meine Freunde beruhigten mich. Kuntal, der bereits einen Monat mit mir im Base Camp verbracht hatte, wusste, dass es mir allein um die Dokumentation gegangen war. Zu diesem Zeitpunkt hätte niemand ahnen können, wie schnell sich das Video verbreiten würde. Daher hätte ich mir auch keine Gedanken über mögliche Konsequenzen machen können. Als ich im Zuge dieses Buches mit Kuntal telefoniere, sagt er die Worte, die mich schlussendlich befreien: »Dein Video hat geholfen, den Menschen zu zeigen, was wirklich passiert ist. Es hat für unglaublich viel Unterstützung gesorgt und viele Menschen zum Spenden bewegt.« Doch auch wenn ich mit dem Geld, das ich mit der medialen Verwertung des Videos erzielt habe, den Wiederaufbau in Nepal unterstützen konnte: Es fühlt sich bis heute falsch an.

Eigentlich glaube ich immer, den Grund für mein Handeln zu kennen, aber oft steckt noch was anderes dahinter. Warum ich in die Berge gehe? Ich würde mich als Problembergsteiger bezeichnen, als jemanden, der in den Bergen nach den Antworten des Lebens sucht. Meine Seele ist auf der Suche nach sich selbst, das ist der wahre Grund, warum ich losziehe.

1. Am Abgrund

Mein Flugzeug landet am späten Abend des 11. Oktober 2013 in Kirgisistan. Als ich über die Landebahn zum Terminal laufe, gehe ich alles noch mal durch: Permit abholen, Satellitentelefon aktivieren, Jeep organisieren. Ich hole meinen Rucksack vom Gepäckband und muss feststellen, dass er geöffnet wurde. Ich überprüfe sofort seinen Inhalt und finde ein Dokument: »Information zur durchgeführten Gepäcköffnung. Dabei wurden Gegenstände entnommen und entsorgt, da diese gegen die geltenden Gefahrgutvorschriften und das Luftverkehrsgesetz verstoßen.« Ich bekomme einen Schrecken. Was, wenn sie meinen Kocher entfernt haben? Hier in Kirgisistan bekomme ich unmöglich einen neuen zu kaufen, dann wäre die Expedition schon zu Ende, bevor sie überhaupt begonnen hat! Mit großer Erleichterung stelle ich dann aber fest, dass nur meine drei Feuerzeuge fehlen. Wie man die finden konnte, ist mir allerdings ein Rätsel, denn sie waren ziemlich tief unten in meinem verschlossenen Kochtopf versteckt. Allerdings hat mein 100-Liter-Rucksack ein etwas kompliziertes System – zu komplex für die Grenzbeamten, die es anscheinend nicht geschafft haben, ihn im Anschluss wieder zu verschließen. Somit ist er die 5500 Kilometer von Berlin über Moskau bis nach Osch komplett offen gereist. Ein Wunder, dass sich mein Zeug nicht über zwei Kontinente verstreut hat.

Tags darauf sitze ich in einem viel zu großen Sessel der lokalen Reiseagentur und lasse meinen Blick über die kleinen Statuen und billig aussehenden Bilder aus anderen asiatischen Ländern schweifen. Diese sollen anscheinend die Erfahrung der Agentur untermauern. Der Chef der Reiseagentur, ein etwas korpulenter älterer Herr, fühlt die Dicke meines Oberarms und lacht: »Ruf mich in zwei Tagen an, wenn es dir zu kalt wird, dann holen wir dich wieder ab.« Ich kann nicht widerstehen mitzulachen, obwohl ich mir sicher bin, dass ich meine Pik-Lenin-Expedition (7134 Meter) nicht so schnell abbrechen werde. Auch wenn ich vier Wochen oder länger am Berg sein werde, ganz auf mich allein gestellt. Und schneller als erwartet sitze ich mit meinem Fahrer im Jeep und verlasse die Stadt. Osch wird auch die südliche Hauptstadt des Landes genannt, was kaum verwunderlich ist, denn es gibt nur zwei große Städte in Kirgisistan und die andere ist die Hauptstadt Bischkek im Norden. Doch Osch ist für mich die deutlich Schönere. Als sich die ersten Menschen in dieser Gegend ansiedelten, lebten sie in den Höhlen des heute heiligen Suleiman-Too-Berges. Die Stadt bildete sich der Überlieferung nach um diese Höhlen, also um den Berg herum. Mitten im Stadtzentrum steht somit dieser steile, felsige Hügel, der etwa

1. Am Abgrund

240 Meter über den Dächern emporragt und auf dessen Gipfel eine kleine Moschee errichtet wurde, die man über eine Treppe erreichen kann. Lässt man die Stadt hinter sich, fällt einem jedoch rasch die dünne Besiedelung vom Rest des Landes auf. Karge Böden und abgeholzte Wälder dominieren das Landschaftsbild. Mich jedoch fasziniert am meisten, dass der Großteil des Landes aus Gebirge besteht. Plötzlich eröffnet sich mir eine neue, wunderbare Welt. Wir fahren durch kleine Wüstenstreifen, die durch das leuchtende Grün von Oasen durchbrochen werden, passieren sandige Täler und kleine Dörfer und häufig hilft nur ein riskantes Ausweichmanöver in letzter Sekunde, um den Jeep vor einem unerfreulichen Zusammentreffen mit Kühen, Eseln, Schafen oder Ziegen zu bewahren. Vollkommen fasziniert von der Andersartigkeit dieser Landschaft und in Gedanken versunken fällt mir plötzlich wieder ein, dass ich noch keine Ersatzfeuerzeuge besorgt habe. Wir halten irgendwo im Nirgendwo und ich kaufe im Dorfladen noch schnell diese überlebensnotwendigen Utensilien. Sicherheitshalber nehme ich gleich fünf Stück, und ein Zippo habe ich auch noch – das sollte ausreichen. Während ich bezahle, ist mir noch nicht bewusst, dass mich dieser Einkauf später in große Schwierigkeiten bringen wird.

Eigentlich sprach vieles gegen diese Reise. Ich beherrschte weder Kirgisisch noch das als Zweitsprache verbreitete Russisch, und natürlich hatte ich keinen Schimmer, was mich erwarten würde. Und doch hat mich Angst hierhergetrieben. Angst davor, mich von den falschen Gründen abhalten zu lassen, das zu tun, was mir am Herzen liegt. Um ehrlich zu sein, habe ich wenig zu verlieren. Mein Studium kann noch ein bisschen warten. Das, was ich wirklich will, sollte ich einfach durchziehen. Just go for it. Jost go for it! Wir fahren weiter durch die karge, mongolisch anmutende Landschaft und plötzlich sehe ich ihn zum ersten Mal: den Pik Lenin – Berg meiner Träume. Ich kann es kaum glauben, ihm so nahe zu sein. Auch wenn dies nach dem Mont Blanc erst meine zweite große Solo-Expedition ist, ist die Vorfreude größer als der Respekt vor diesem großen Unterfangen. Stück für Stück nähern wir uns dem schneebedeckten Riesen und schließlich erreichen wir das Ende der Straße, das Basislager. Auf 3200 Meter Höhe steige ich aus, lade meine 85 Kilo schwere Ausrüstung ab und verabschiede mich. Ich freue mich, endlich in den Bergen zu sein, alles wirkt so imposant und unwirklich. Aber am meisten genieße ich die Stille. Das ist das Schöne an einer Solo-Expedition, ich bin vollkommen allein. Es gibt nur den Berg und mich. Im Alltag verlangt ständig irgendetwas meine Aufmerksamkeit, aber hier ist alles so rein, so pur, es gibt keinerlei Ablenkungen. In dieser Stille höre ich mich selbst am besten und lerne zu verstehen, was für mich im Leben wirklich wichtig ist.

Plötzlich fällt mir ein, dass ich meine neuen Feuerzeuge im Jeep vergessen habe. Ein Desaster! Ich brauche sie, sonst ist es schnell vorbei mit der einsamen Romantik in den Bergen. Wie ein Wahnsinniger renne ich dem Jeep hinterher, rudere wild mit den Armen und schreie mir die Seele aus dem Leib. Das war's, jetzt muss ich improvisieren, um hier rauszukommen. Keine Feuerzeuge – keine Expedition. Ich brauche sie, um den Benzinkocher entflammen zu können, Schnee zu schmelzen und somit Trinkwasser zu gewinnen. In Gedanken sehe ich mich bereits die 30 Kilometer mit meiner 85 Kilo schweren Expeditionsausrüstung zurückschnaufen. Doch plötzlich dreht

1. Am Abgrund

der Jeep ganz Hollywood-like doch noch um und kommt auf mich zu. Ich kann mich nicht mal darüber freuen, denn in dem Moment ringe ich einfach nur nach Luft. Mir wird schmerzhaft bewusst, dass ich mich bereits auf 3400 Meter Höhe befinde und noch überhaupt nicht akklimatisiert bin.

> Solo unterwegs zu sein, bedeutet auch, emotional auf sich allein gestellt zu sein. Denn da ist meistens niemand, der einem in einer Notsituation helfen kann. Im Alleingang sind Fehler tabu. Ein Sturz kann nicht einfach so von dem zum Seilpartner führenden Seil abgefangen werden. Fehltritte ziehen tödliche Konsequenzen mit sich. Das, was anderen Angst macht, bedeutet für mich Freiheit. Ich trage niemandem gegenüber Verantwortung und stehe nur für meine eigenen Fehler ein. Ja, ich kann jede Entscheidung allein treffen, ohne mich anderen gegenüber rechtfertigen zu müssen. Es liegt alles in meiner Hand.

Wenig später liege ich im Zelt, portioniere in Gedanken meine Ausrüstung in drei Teile und plane die weitere Vorgehensweise. Ich werde drei Tage hintereinander jeweils 25 Kilo zum vorgeschobenen Basislager auf 4200 Meter tragen. Sprich in ein Camp, das ein wenig höher liegt als das eigentliche Basislager. Hoch müssen Kerosin, Lebensmittel, die Zelte und was man sonst noch an Ausrüstung braucht. Ich habe mir sogar den Luxus gegönnt, eine Dose Ananas für besondere Anlässe einzupacken. Dann werde ich zwei Tage lang jeweils 20 Kilo zu Camp 1 auf 4400 Meter schleppen und dort deponieren. Und als kleine Motivation für den Abstieg lasse ich eine Flasche Cola im Basislager, die ich zusammen mit einem Paar Schuhe und einer

Notration an Essen unter einem kleinen Steinhaufen vergrabe. Wenn ich wiederkomme, wird diese Cola ein Schatz sein.

Ich trage die ersten Lasten vom Base Camp zum ersten Lagerplatz hoch. Eigentlich sind es nur 8,5 Kilometer, die ich mit meinem schweren Rucksack zurücklegen muss. Laut Höhenprofil befindet sich das Camp nur 800 Höhenmeter weiter oben, aber diese haben es dafür in sich. Ich muss einen höher gelegenen Pass überqueren, auf der anderen Seite zuerst absteigen und danach erneut aufsteigen. Der Pfad, der zur Sommerzeit von Bergsteigern, Guides, Packpferden und Eseln zu einer stark genutzten Strecke wird, ist nun verwaist und nicht ungefährlich. Manchmal bricht er einfach ab, weil ihn eine Steinlawine fortgerissen hat. Was auf den ersten Blick einfach aussieht, wird dann doch schnell ungemütlich. Der Weg schlängelt sich einen steilen Hang empor, der Untergrund ist pickelhart und mit feinem Schotter bedeckt. Ein falscher Schritt und ich stürze mit meinem schweren Rucksack in die Tiefe. Als ich endlich nach einigen Stunden auf etwa 4200 Metern ankomme, sehe ich den perfekten Platz für mein Camp. Ich baue mein Zelt windgeschützt in der Nähe eines Flusses auf und erspare mir somit das Schneeschmelzen. Nachdem alles im Zelt verstaut ist, mache ich mich wieder auf den Weg nach unten. Ohne den schweren Rucksack fühle ich mich unbeschreiblich leicht und komme nach nur einer Stunde wieder im Basislager an.

Kurz darauf folgt die Überraschung des Abends: Ich erspähe in der Ferne einen Hirten. Ich bin überzeugt, dass mir mein Unterbewusstsein einen Streich spielt. Ich bin so weit draußen, weg von jeder Zivilisation, dass hier unmöglich jemand ande-

1. Am Abgrund

res sein kann. Doch der Hirte lässt sich von meinen Gedanken nicht beeindrucken und läuft geradewegs auf mich zu. Ein kurzer, prüfender Blick auf den Neuankömmling reicht aus, um ihn ebenfalls als Bergsteiger zu identifizieren. Er begrüßt mich auf Englisch und ich muss schmunzeln. Noch bevor er fertig ist, unterbreche ich ihn: »Wir können uns auch auf Deutsch unterhalten.« Das hat mir gerade noch gefehlt, am Ende der Welt in der tiefsten Einsamkeit kommt auf einmal noch so ein verrückter deutscher Solo-Bergsteiger daher. Aber irgendwie bin ich dann doch froh, dass er da ist, er bringt etwas Abwechslung in den Tag.

Am nächsten Morgen beschließen wir, gemeinsam hochzugehen. Auch wenn wir nicht darüber sprechen, steht für uns beide fest, dass jeder im Stillen sein Ding macht und wir uns gegenseitig bei nichts helfen. Unterwegs erfahre ich, dass Konny 56 Jahre alt ist und bereits gut vorakklimatisiert ist, da er wochenlang in Tibet auf über 4000 Meter unterwegs war. Er hat sich zum Ziel gesetzt, ganz direkt und möglichst schnell den Pik-Lenin-Gipfel zu erklimmen. Seine Ausrüstung ist »ultraleicht«, er hat keine gut isolierten Schuhe und weder eine Daunenjacke noch eine warme Hose dabei. Sein Zelt macht nicht gerade einen stabilen Eindruck und er hat auch keinen Kocher. Ich bin ernsthaft besorgt um ihn. Einzig die Tatsache, dass er sehr erfahren und selbstsicher wirkt, mildert mein mulmiges Gefühl. Oben angekommen baut er sein Zelt direkt neben meinem auf, doch ich muss noch einmal nach unten, um morgen die letzten 25 Kilo hochzutragen. Im Basislager angekommen, falle ich sofort ins Zelt. Ich fühle mich gut, es ist diese angenehme Müdigkeit, die leicht auf der Haut brennt und ein warmes, wohliges Gefühl erzeugt. Mitten in der Nacht höre ich plötzlich ein Geräusch. Irgendetwas schleicht um mein Zelt. Schneeleoparden, die in dieser Gegend heimisch sind, sind eigentlich menschenscheu, aber was könnte es sonst sein? Etwa ein einsamer Wolf? Ich bin kein ängstlicher Mensch, aber etwas mulmig ist mir trotzdem zumute. Meine Fantasie malt sich die wildesten Geschichten aus, ein größeres Tier könnte die Zeltplane mit Leichtigkeit zerreißen und dann würde ich schutzlos daliegen. Dieser Gedanke bestimmt meine Nacht und raubt mir den Schlaf. Als ich frühmorgens verschlafen aus dem Zelt schaue, erwarte ich, Spuren eines Tieres vorzufinden, aber es ist nichts zu sehen. Habe ich mir die Geräusche nur eingebildet? Während ich mein Zelt abbaue, stelle ich fest, dass darunter Feldmäuse ein riesiges Netz an Tunneln angelegt haben. Sie sind unter der Bodenplane herumgelaufen und haben so für die undefinierbaren Geräusche gesorgt. Ich muss über mich selbst lachen. Da habe ich mich also tatsächlich vor Mäusen gefürchtet. Der einzige einsame Wolf hier draußen bin ich.

Einige Tage später starten Konny und ich gemeinsam von Camp 1 in Richtung Gipfel. Wir zwingen uns noch vor sechs Uhr hinaus, schließlich haben wir bis zu Camp 2 einen weiten Weg vor uns. Es ist mittlerweile schon Ende Oktober und wir bekommen die eisigen Temperaturen des nahenden kirgisischen Winters voll zu spüren, denn die Sonne geht in der Nordwand erst sehr spät auf. Vor allem die Zehen leiden an Taubheit und ich versuche die Durchblutung durch Ziehen und Strecken anzuregen. Langsam kämpfen wir uns durch 40 Zentimeter Pulverschnee aufwärts. Konny zu Fuß und im direkten Anstieg, ich teils im Zickzack mit

1. Am Abgrund

meinen Skiern, die im Tiefschnee am effizientesten sind. Unter jedem Ski ist ein Fell aufgeklebt, die Kunstfasern gleiten nach vorn, aber wenn ich zurückrutschen würde, stellen sich die Fasern auf und greifen in den Schnee, ähnlich dem Streicheln eines Hundes gegen den Strich seines Fells. Zusätzlich verteilt die große Oberfläche meiner Skier das Gewicht, sodass ich kaum einsinke. Konny hingegen ist knietief im Schnee versunken. Und dann, endlich, erreicht uns der erste Sonnenstrahl. Ich spüre die geballte Wärme im Gesicht und muss feststellen, wie schön die einfachen Dinge des Lebens sein können. Einen Sonnenstrahl weiß man sonst gar nicht zu schätzen, hier bekommt dieser kleine Strahl eine immense Bedeutung. Und tatsächlich bewirkt er Wunder, endlich spüre ich den leichten, brennenden Schmerz, als meine Zehen wieder auftauen. Die Bewegungen beginnen zu fließen und die Gedanken sind ganz weit weg. Die Realität holt mich erst wieder ein, als sich unsere Spuren kurz vor dem Gletscherbruch treffen. Ein kurzer Blick auf die Uhr lässt mich erschrecken. Es ist schon Mittag geworden. Wir haben unter den tief winterlichen Bedingungen erst ein Drittel der Strecke geschafft. Ich schaue mich um und bemerke, dass wir uns in einem riesigen schneegefüllten Labyrinth aus Gletscherspalten und Eistürmen befinden, wo es keinen ersichtlichen Weg gibt. Es würde Stunden dauern, um diese Passage zu bewältigen. Uns wird bewusst, dass es unter diesen Umständen unmöglich sein wird, das Camp, geschweige denn den Gipfel zu erreichen. Wir machen ein paar Bilder, die dokumentieren sollen, wie weit wir gekommen sind und drehen schweren Herzens um. »Goodbye Lenin«, rauscht es durch meinen Kopf. Der Weg hinunter ist lang und wir erreichen das Camp erst, als es schon dämmert. Nicht nur physisch erschöpft krieche ich nach dem Essen in meinen Schlafsack.

Am nächsten Morgen erreicht mich die Erkenntnis: Jetzt abzusteigen kommt für mich überhaupt nicht in Frage! Ich habe all den Aufwand betrieben und dann soll jetzt schon bei 4750 Meter Höhe Schluss sein? Ich habe das Gefühl, nicht alles gegeben zu haben. Der Gedanke, es noch einmal zu versuchen, lässt mich einfach nicht los. Jetzt aus Angst umzudrehen, würde ich später mit Sicherheit bereuen. Ich würde mir ewig vorhalten: »Hätte ich doch ...«, oder mich fragen »Was wäre gewesen, wenn ...?«. Ich habe noch genügend Vorräte, so schnell werde ich nicht aufgeben. Dieser Entschluss beflügelt mich richtig. Es dauert nicht lange und ich bin wieder hochmotiviert. Da unser ausgewählter Gipfel aufgrund der Schneekonditionen zu gefährlich ist, entscheiden wir uns spontan für einen kleinen Fünftausender, den wir in der Ferne ausmachen. Dieser Gipfel wird zusätzlich meine Akklimatisation vorantreiben, es ist ein weiterer Schritt Richtung Pik Lenin. Mit ungewohnter Leichtigkeit erreichen wir bei bestem Wetter den Gipfel. Hier oben werden wir mit einer strahlenden Aussicht belohnt, die kontrastreicher nicht sein könnte. Auf der einen Seite blickt man in eine weite, warm aussehende, sandige Steppenlandschaft, während sich auf der anderen Seite das ewige Eis der Berge erhebt. Schließlich erreichen wir das Camp am Abend wieder, erschöpft, aber glücklich. Nach dieser erfolgreichen Tour kommt leider auch die Zeit des Abschieds. Konnys Nahrungsvorräte sind aufgebraucht und ich möchte meinen Plan eines erneuten Gipfelversuchs doch noch in die Realität umsetzen. Ich steige mit ihm zum vorgeschobenen Basislager ab und fülle meinen Rucksack mit Vorräten. Jetzt geht es richtig los!

1. Am Abgrund

Als ich aufstehe, ist es noch tief dunkel. Alles, was ich für meine Tour brauche, packe ich in zwei Rucksäcke. Ich bin jetzt ganz allein am Berg. Alles ist reduziert auf den Berg und mich. Von Angesicht zu Angesicht schauen wir uns an, aber nicht wie zwei Gegenspieler, ich fühle mich in Harmonie mit ihm verbunden und hoffe, dass er mir eine Besteigung gewähren wird.

Im Sommer benötigt man etwa einen Tag, um die tausend Höhenmeter zu bewältigen, aber im Winter gibt es keine Fixseile, an denen man sich mit Hilfe einer Sicherung relativ schnell fortbewegen kann. Hinzu kommt, dass der Schnee die Gletscherspalten verdeckt. Ich komme nur sehr langsam voran. Die Spuren, die ich zuvor angelegt habe, sind zum Großteil verweht. Es ist sogar Neuschnee gefallen. Manchmal ist er hüfttief. Aber ich habe 35 Kilo Gepäck dabei. Das reicht locker, um acht Tage unterwegs zu sein. Ich kann mir Camp 2 auf 5300 Metern einrichten und von dort die Gipfeletappe in Angriff nehmen, ohne vorher absteigen zu müssen. Langsam und vorsichtig bewege ich mich vorwärts. Meine Skistöcke helfen mir beim Ertasten des Weges und ich kann auf diese Weise versteckte Gletscherspalten ausfindig machen. Manchmal sacken sie komplett weg und geben breite, tiefschwarze Risse frei. Ich stochere ein wenig herum. Die Oberfläche der fragilen Schneebrücke bröckelt. Erst dann kann ich sehen, wie groß die Spalte ist und ob ich an dieser Stelle über sie hinwegspringen kann oder ob ich besser woanders mein Glück versuchen sollte.

Einen Spaltensturz kann ich mir solo nicht erlauben, es ist niemand hier, der mir helfen könnte. Selbst wenn ich nicht durch den Aufprall sterben würde, ich würde in der Gletscherspalte festsitzen. Mit hoher Wahrscheinlichkeit gibt es in der Spalte kein GPS und kein Satellitensignal. Es wäre kein schöner Tod. Ich schiebe die dunklen Gedanken beiseite und schaue nach oben. Die Sonne steht schon sehr niedrig, ich bin viel langsamer als gedacht. Ich sollte bald nach einem geeigneten Platz für mein Zelt Ausschau halten, aber ich befinde mich inmitten des Gletscherbruchs, diesem Gewirr aus riesigen Gletscherspalten und Eistürmen. Am Rand des Gletschers, wo es einigermaßen flach wäre, herrscht zu große Lawinengefahr, dort läuft alles zu einem Trichter zusammen. Eine Lawine, die sich weiter oben lösen würde, träfe in jedem Fall die Ebene, auf der ich am liebsten mein Zelt aufgeschlagen hätte. Bei näherer Betrachtung sieht der Gletscher aus, als ob er Rippen hätte. Diese Rippen sind wie Mauern, zwischen denen sich große und tiefe Gletscherspalten auftun. Genau auf einer dieser vier Meter breiten Rippen finde ich einen einigermaßen ebenen Zeltplatz. Wirklich geeignet ist der Platz nicht, aber ich habe keine Wahl. Es ist der einzige Ort, an dem es keine Lawinengefahr gibt. Die breiten, tiefen Spalten würden eine Lawine ausbremsen und in sich aufnehmen. Ich grabe eine Vertiefung in den Schnee, die etwa der Grundfläche meines Zeltes entspricht, sodass ich dieses besser geschützt positionieren kann. Dann hämmere zur zusätzlichen Verankerung noch meine Heringe und sogar meinen Eispickel in das Eis. Schließlich liege ich mit der gesamten Ausrüstung im Zelt und freue mich auf den morgigen Tag. Das Wetter ist gut, das Zelt ist verankert und mit viel Gewicht beschwert. Für eine Nacht wird es schon gut gehen. Ich schlafe sanft ein, werde jedoch einige Stunden später vom lauten Flattern der Zeltplane geweckt.

1. Am Abgrund

Starker Wind ist aufgekommen. Das bedeutet nichts Gutes, aber in diesem Moment kann ich nichts dagegen tun. Ich versuche wieder einzuschlafen, aber das Getöse und Geheule halten mich wach. Der Sturm legt weiter zu. An ein Abbauen des Zeltes und einen schnellen Abstieg ist in dieser Situation nicht mehr zu denken. Ich bin an diesem Ort gefangen. Die Böen schlagen an mein Zelt wie tosende Wellen gegen einen Felsen am Strand. Es beginnt sich zu verformen und ich hoffe inständig, dass der Wind die Zeltplane nicht zerreißt. Wie ein Embryo rolle mich zusammen und versuche, mich ganz schwer zu machen, als plötzlich eine gewaltige Böe das Zelt erfasst. Die Heringe vibrieren und knirschen unter dem gewaltigen Druck. Ich höre etwas reißen und brechen. Im selben Moment wird mir bewusst, dass das Zelt aus der Verankerung gerissen wurde und es mit mir als blinden Passagier zu rutschen beginnt, direkt auf die riesige Gletscherspalte zu. Im selben Moment, in dem ich die Situation erfasse, befreie ich mich aus meinem Schlafsack, zippe geistesgegenwärtig den Reißverschluss des Zeltes auf und hechte hinaus, wo ich hastig in meine Skistiefel springe. Mit einer Hand halte ich das Zelt noch am Gestänge fest, sonst würde es der Wind einfach fortfegen. Ich stehe also frierend in meiner Unterwäsche im Sturm und habe zwei Optionen: Entweder das Zelt loslassen und zusehen, wie meine gesamte Ausrüstung in der Gletscherspalte verschwindet, und im Anschluss einige Stunden nonstop in Unterwäsche zu meinem vorgeschobenen Basislager laufen. Keine prickelnde Vorstellung, auch wenn ich es wahrscheinlich überleben würde. Von schweren Erfrierungen bliebe ich garantiert nicht verschont. Oder das Zelt weiterhin festhalten und mit diesem langsam auf die Gletscherspalte zurutschen, bis ich damit 35 Meter in die Tiefe stürze – was auch nicht gerade verlockend ist. Meine Gedanken rotieren und gleichzeitig ist da diese unendliche Leere. Ich weiß, dass mir nicht viel Zeit bleibt, um eine Entscheidung zu treffen. Es gibt keinen Ausweg aus dieser Situation und ich habe mich selbst hineinmanövriert. Hätte ich doch schon früher nach einem geeigneten Zeltplatz gesucht, dann würde ich jetzt nicht in dieser verzwickten Situation feststecken. Ich habe Angst, eine tiefe und urgewaltige Angst. Angst, dass ich hier sterbe. Mein Leben fliegt jedoch nicht an meinen Augen vorbei, wie man immer sagt. Was ich in dem Moment fühle, ist Reue. Reue für das, was ich noch nicht getan habe im Leben, was ich nicht sein konnte und was ich nicht mehr erleben werde. Wenn ich doch nur mehr Zeit gehabt hätte …

Besonderheit:
1 ruiniertes Hochzeitskleid

Zeit: 1996–2007

Alter: 4–17 Jahre

Orte: Borgholzhausen,
Zugspitze (2962 Meter)

2. Zukunft braucht Herkunft

Eine meiner jüngsten Kindheitserinnerungen ist, dass ich mit etwa vier Jahren auf der Arbeitsplatte unserer Küche sitze. Während mein Vater Falk mich mit guter Absicht dort hingesetzt hat, kommt meine Mutter Iris herein. Es entsteht ein Streit darüber, ob man mich dorthin setzen dürfe oder nicht. Meine Mutter reißt mich in der Hitze des Gefechts von der Arbeitsplatte, was den Streit noch weiter anfeuert. Ich habe keinerlei Erinnerung an Momente, in denen meine Eltern ein glückliches Paar waren, denn sie haben sich früh scheiden lassen. Die Hälfte meiner Zeit verbringe ich bei Iris, die andere bei Falk. Doch als sich die Essstörungen meiner Mutter immer weiter zuspitzen und einen Punkt erreichen, an dem sie fast an ihnen stirbt, bleiben meine Drillingsschwester und ich bei unserem Vater. Er muss viel arbeiten, um für uns vier zu sorgen, und kommt erst am späten Nachmittag nach Hause, wo er dann meistens weiterarbeitet. Ich wachse mit Au-pair-Mädchen aus

Lettland auf. Meine richtige Mutter sehe ich nur noch einmal die Woche. Mein Mutterersatz bleibt jeweils für ein Jahr, danach kommt jemand Neues. Es gibt keine Bezugsperson, auf die ich mich einstellen kann. Die Mutterliebe, die ich als Kind gebraucht hätte, kann ich von den jungen Frauen nicht bekommen. Insgesamt habe ich fünf solcher Au-pairs, bis mein Vater beschließt, das letzte Au-pair-Mädchen zu heiraten. Meine Schwestern freuen sich darüber. Aber das Einzige, was ich herausbringe, ist ein »Ach nö, nee«. Sandra ist 24 Jahre alt, als sie meinem Vater das Jawort gibt. Ich bin eifersüchtig. Zu ihrer Hochzeit frage ich sie, ob sie die Cola-Flasche für mich öffnen kann, die ich vorher kräftig durchgeschüttelt habe. Im nächsten Moment spritzt der ganze klebrige Inhalt auf das geliebte Hochzeitskleid. Heute weiß ich, dass das sehr unreif von mir gewesen ist. Ich rechne Sandra hoch an, dass sie mir diese Aktion nie nachgetragen hat. Mit der Hochzeit geht die junge Lettin eine große Verantwortung uns Kindern gegenüber ein. Ich bin bereits neun Jahre alt. Also schon etwas zu alt, um mich sofort an die Situation und die neue Stiefmutter gewöhnen zu können. Sie meint es in vielen Dingen gut, aber ich will ihre Hilfe nicht. Ich kann mit ihrer Autorität nicht umgehen und die Werte und Regeln, die sie aus ihrem Heimatland mitbringt, ergeben für mich keinen Sinn. Wir kämpfen beide um die Aufmerksamkeit und Liebe von Falk – leider ziehe ich dabei häufig den Kürzeren. Ich glaube, ich hätte damals einfach eine liebende Mutter gebraucht, die mich versteht. Iris sehe ich weiterhin einmal die Woche, doch die geringe Zeit, die wir Kinder mit ihr verbringen, verändert unser Verhältnis zueinander. Es fällt mir schwer, mich zu öffnen und jemand Neues in mein Leben zu lassen. Als Sandra mit Zwillingen schwanger wird, realisiere ich

2. Zukunft braucht Herkunft

zum ersten Mal, wie weitreichend die Veränderungen sind, die die zweite Ehe meines Vaters mit sich bringt. Bereits mit zehn Jahren beginne ich, meine Wäsche selbst zu waschen. Ich kümmere mich darum, dass die Zufahrt sauber bleibt. Später gehört auch das Rasenmähen des großen Gartens zu meinen Aufgaben. Nach und nach übernehme ich weitere Aufgaben im Haus und helfe in der Werkstatt aus. Auf diese Weise verdiene ich mein Taschengeld, das alles in allem aber immer weit unter dem Durchschnitt meiner Freunde liegt. Mein Vater will damit meine Eigenständigkeit fördern, die für ihn die Voraussetzung für ein gutes Leben darstellt. Sein Motto lautet: Gib einem Armen zwei Fische und er ist für zwei Tage satt. Lehre ihn fischen und er ist es sein ganzes Leben. Viel Geld haben wir tatsächlich nicht zur Verfügung und ich leide unter der Tatsache, dass ich nicht wie die anderen Kinder in der Schule Markenklamotten tragen kann. Ich fühle mich ausgegrenzt und mein Selbstbewusstsein leidet darunter.

Zu meinem sechsten Geburtstag schenkt mir mein Vater ein Fahrrad. So wie ihm damals soll es mir ein großes Stück Freiheit eröffnen. Und so wird mein Bewegungsradius langsam größer und größer. Ich nutze das Rad nicht nur, um mir das Busgeld zu sparen, sondern auch um Pfandflaschen zu sammeln und mir etwas Geld dazu zu verdienen. In dieser Zeit entsteht mit Philipp, einem Nachbarsjungen, eine enge Freundschaft. Wir verbringen viel Zeit in den umliegenden Wäldern. Neben Philipp habe ich zwar noch andere Freunde, aber mit ihnen verbindet mich nicht so viel wie mit ihm. Wir teilen dieselben Interessen und spornen uns gegenseitig zu immer neuen Herausforderungen an: ein neuer Trick mit dem Skateboard oder ein noch höherer Sprung mit dem Fahrrad über eine selbstgebaute Sprungschanze. Trotzdem habe ich das Gefühl, nirgends wirklich dazuzugehören. Sehr oft mache ich mein eigenes Ding – und fühle mich sehr wohl damit. Zum einen empfinde ich vieles von dem, was die anderen spannend finden, als langweilig. Zum anderen fehlt mir meistens das Geld, um mit meinen Freunden etwas zu unternehmen oder essen zu gehen. Bei Schulunternehmungen stehe ich regelmäßig dumm da, wenn alle in einem Lokal sitzen und nur ich nichts esse. Kein Wunder, dass ich sehr geizig mit meinem bisschen hart verdienten Geld bin. Ich spare für materielle Dinge, zum Beispiel ein neues Fahrrad, von denen ich lange profitieren kann. Ich betrachte Ausgaben wie Investitionen, aus denen langfristig etwas Profitables hervorgehen kann.

Meinem Vater habe ich meine Eigenständigkeit und meine Einstellung zum Leben zu verdanken, aber ich spüre in seinem Verhalten auch eine gewisse Distanz – dieselbe Distanz, die er in seiner Kindheit von seinem Vater erfahren hat. Es fällt ihm schwer, mir Anerkennung oder Liebe zu zeigen, was ich als Kind nicht weiter hinterfragt habe. Wofür sollte ich auch Anerkennung bekommen? Ich bin schlecht in der Schule und habe auch sonst nichts Besonderes geleistet. Regelmäßig rufen die Lehrer bei meinen Eltern an, um sie über mein Fehlverhalten und die nicht gemachten Hausaufgaben zu informieren. Um der Realität zu entgehen, flüchte ich mich in die virtuelle Welt der Computerspiele. Meine Vorliebe gilt Spielen, in denen man fremde Welten erforscht, Gegenstände sammelt und Fähigkeiten weiterentwickelt. Irgendwann kommt der Punkt, an dem man nach all der harten Arbeit wahnsinnig stark ist, die Welt

2. Zukunft braucht Herkunft

erforscht hat und durch Schweiß und Blut zu einem Helden gereift ist. Die virtuelle Welt lässt mich im Gegensatz zur wirklichen Welt meine persönlichen Erfolge feiern und gibt mir das Gefühl, etwas wirklich gut zu können. Es kostet mich bis zu 175 Stunden, bis ich ein Spiel durchgespielt habe. Natürlich wirkt sich das auch auf meinen Alltag aus. Mehr und mehr kommt es mir so vor, als ob das Leben ein Computerspiel wäre. Die größten Fortschritte erzielt man, wenn man an den weniger starken Fähigkeiten arbeitet, sich seiner Schwächen bewusst wird und sich kontinuierlich verbessert und steigert. Nur so kann man Level 100 erreichen. Und gerade das ist es, was mich reizt: dieser Drang zur Perfektion. Ich beginne, diese Einstellung auf mein echtes Leben zu übertragen und komme zu dem Schluss, dass meine Höhenangst eine Schwäche ist, an der ich arbeiten muss. Irgendetwas sagt mir, dass ich diese Angst überwinden muss, damit mein Leben sich mit all seinen Chancen vollends entfalten kann.

Im Sportunterreicht war sie mir schon oft aufgefallen: die Kletterwand in der Turnhalle. Hochgetraut hatte ich mich nie, aber sie faszinierte mich. Deshalb zögere ich keine Sekunde, als ich mich in der sechsten Klasse für eine AG entscheiden muss. Ich wähle die Kletter-AG. Ein paar Wochen später stehe ich gemeinsam mit Philipp endlich vor der Kletterwand und schaue zweifelnd hinauf. Während die anderen die Kisten aufmachen und sich ihre Klettergurte anziehen, spüre ich meine steigende Nervosität. Der Karabiner an meinem Klettergurt schnappt zu und der Lehrer gibt mir das Signal, dass ich jetzt losklettern kann. Warum habe ich mich nur für die Kletter-AG entschieden? Ich beginne, meine Entscheidung zu bereuen, vor allem, als sich nach den ersten Zügen mein Kopf einschaltet und mir bewusst wird, dass Loslassen Absturz bedeuten könnte. Ich sehe vor meinem geistigen Auge, wie ich auf dem Boden aufschlage. Aber ich schiebe den Gedanken schnell wieder beiseite und klettere immer höher, ich möchte unbedingt oben ankommen. Ich halte mich unnötig stark fest und verschwende viel zu viel meiner Kraft. Trotzdem komme ich zügig voran. Kurz bevor ich das Top erreiche, blicke ich nach unten und erwache wie aus einem Albtraum: Mein Puls schnellt in die Höhe, meine Atmung beschleunigt sich. In Gedanken sehe ich mich im Schwimmunterricht wieder auf dem Dreimeterbrett stehen. Ich schaue hinunter und überlege, ob ich springen soll. Ich habe schreckliche Angst vor der Höhe und dem Gefühl, zu fallen. Jedes Mal hatte ich mich umgedreht und war über die Leiter wieder zurück nach unten geklettert. Es war mir egal, was die Schulkameraden dachten. Ich konnte einfach nicht springen. Aber am Ende der sieben Meter hohen Kletterwand gibt es keine Leiter, über die ich einfach wieder absteigen kann. Ich muss den Sprung wagen, mich in den Klettergurt setzen und meinem Sicherungspartner vertrauen. Ich schließe meine Augen, lasse los und rufe: »Ab!« Mein Kletterpartner lässt mich langsam auf den Boden zugleiten, auf dem ich sanft aufkomme. Während ich unten stehe und meinen Karabiner öffne, schaue ich noch mal nach oben. Ein mächtiges Gefühl durchdringt mich. Habe ich etwa gerade für einen kurzen Moment meiner Angst in die Augen gesehen? Ja! Auch wenn ich gewissermaßen keine andere Wahl hatte, ich spüre, dass ich ein Stück daran gewachsen bin. Ich will mehr.

2. Zukunft braucht Herkunft

Von nun an gehe ich jede Woche für zwei Stunden in die Kletter-AG. Unser Lehrer, Herr Fälker, ist mit Leib und Seele dabei und versucht uns so viel wie möglich zu vermitteln. Er selbst ist begeisterter Erdkunde- und Chemielehrer, der jeden freien Moment nutzt, um in der Weltgeschichte herumzureisen und Berge zu besteigen. Aufgrund seines Engagements lernen wir nicht nur kräftesparendes Klettern und die richtige Abseiltechnik, wir tasten uns auch systematisch an alpine Themen wie Prusiken und Spaltenbergung heran. Techniken, die mir im späteren Verlauf meines Werdegangs als Bergsteiger noch von großem Nutzen sein werden. Nach sechs Monaten ist die Kletter-AG schneller vorbei, als mir lieb ist. Vor allem reizt mich die Mischung aus physischer und psychischer Herausforderung. Ich habe Blut geleckt. Allerdings wohne ich in einem kleinen Dorf im Teutoburger Wald, etwa 25 Kilometer weit von Bielefeld entfernt. Also muss ich eine für mein Alter enorme Strecke überwinden, um im neu eröffneten Speicher 1, einer Kletteranlage des Bielefelder DAV, zu klettern. Hätte es diesen Zufall nicht gegeben und in Bielefeld hätte der Speicher 1 nicht aufgemacht, wäre ich wohl nicht dabeigeblieben. Ich komme aus einer sehr flachen Gegend Deutschlands. Die Berge sind weit entfernt und auch der Weg zum nächsten Felsklettergebiet ist nicht gerade um die Ecke. Da Philipp und ich gemeinsam mit dem Klettern begonnen haben, bringen uns oft seine Eltern nach Bielefeld. Später radele ich auch häufiger selbst hin.

Bis ich zum ersten Mal eine echte Felsroute berühre, sollen noch vier Jahre vergehen. Die ersten künstlichen Kletteranlagen wurden in Deutschland erst gegen Ende der 1980er-Jahre errichtet. Früher hatte man keine Wahl, Kletterhallen gab es noch nicht. Um klettern zu lernen, musste man nach draußen an den Fels gehen. Heutzutage kann man in den Kletterhallen trainieren, abgeschirmt von Wetter und Dunkelheit und unter den höchsten Sicherheitsstandards. Als mich mein damaliger Mentor mit 16 Jahren das erste Mal mit nach draußen an den Fels nimmt, sind meine ersten Gedanken: »Das ist Natur, Natur ist gefährlich.« Ich bin es nicht gewohnt, draußen unterwegs zu sein, alles wirkt bedrohlich und echt. Die Abstände der Haken, in die wir unser Sicherungsmaterial einklinken, sind erstaunlich groß und nicht alle eineinhalb Meter, wie ich es vom Indoorklettern kenne. Aber hier spüre ich auch den Wind, rieche den Fels und sehe die Sonnenstrahlen zwischen den Blättern hindurchblitzen. Alles zuvor war wie Masturbieren, aber das hier ist purer Sex. Von nun an gehe ich jeden zweiten Tag klettern. Leider häufiger in der Halle als am Fels. Aber mein Blickwinkel hat sich dadurch verändert. Ich versuche, diese Einheiten als gutes Training für die Tage am Fels zu sehen. Nach oben hin sind keine Grenzen gesetzt. Das macht mir unendlich viel Spaß, und da ich von Natur aus sehr ehrgeizig bin, erreiche ich Schritt für Schritt meine mir selbst gesteckten Ziele. Diese sind – objektiv betrachtet – nichts Weltbewegendes, aber ich steigere mich konstant. Mein Respekt vor der Höhe nimmt mit der Zeit ab und meine Angst vor einem Sturz versuche ich durch gezieltes Sturztraining zu minimieren. Ich liebe diese mentale Herausforderung und das Gefühl, mich immer weiter zu perfektionieren. Klar muss man eine Menge körperlicher Kraft aufbringen, aber diese allein ist nicht der Schlüssel zum Erfolg. Ich befinde mich oft in Situationen, in denen ich mich mit meiner Angst vor dem Fall konfrontieren muss. Das erfordert eine gewisse innere Ruhe, Willenskraft und Konzentration. Aber es lässt mich, wenn ich es schaffe, ein Stückchen über meine Grenzen hinauswachsen. Das klappt nicht immer und der Grat zwischen Mut und Übermut ist schmal und auch gefährlich. Aber der Versuch, diese Balance zu halten, ist ein großartiges Gefühl. Die steigenden Fähigkeiten setzen mich aber auch unter Druck. Ich habe das Gefühl, nicht gut genug zu sein. Es hat viele Jahre gebraucht, bis ich verstanden habe, dass der beste Kletterer nicht der ist, der die härtesten Routen klettert, sondern jener, der am meisten Spaß hat.

> Ein wirkliches Vorbild hatte ich nie. Das, was ich als erstrebenswert erachte, ist eine vielleicht unerreichbare Mischung aus den besten Eigenschaften unterschiedlicher Personen. Ich picke mir von jeder das Beste heraus und das verschmilzt mit vielen anderen Eigenschaften zu einer idealisierten Person. Dieses Ideal verkörpert das, was ich anstrebe zu sein.

Und dann gibt es noch diesen großen Traum von mir: Einmal in meinem Leben auf einem ganz hohen Berg zu stehen, auf einem Achttausender. Ich bin noch nie in den Bergen gewesen, alles was ich darüber weiß, kommt aus Büchern, Zeitschriften und Filmen. Die Hochglanzfotos von Orten, die so unerreichbar scheinen, geben mir das Gefühl, dass dort die letzten wirklichen Abenteuer unserer Zeit zu finden sein müssen. Und wie der Zufall es will, nimmt mein Weg einen ganz unerwarteten Verlauf. Mein Vater hat sich mittlerweile selbstständig gemacht und führt einen kleinen Tischlereibetrieb. Auf einer Werkzeugmesse nehmen meine sechsjährigen Schwestern Ausma und

Rieta an einem Wettbewerb teil. Sie sollen ein Lebkuchenherz mit Zuckerguss gestalten. Rieta kommt glatt auf den zweiten Platz und gewinnt eine Reise für die ganze Familie. Womit der Veranstalter jedoch nicht gerechnet hat: Wir sind eine richtige Großfamilie. Sicherlich hatte er mit zwei Erwachsenen und zwei Kindern gerechnet. Mit zwei Erwachsenen und sechs Kindern sind wir deutlich mehr. Denn neben den Zwillingen habe ich ja noch Drillingsschwestern. Die Freude darüber dürfte sich beim Preisstifter in Grenzen gehalten haben. Für mich ging damit jedoch ein großer Wunsch in Erfüllung.

Die Reise führt uns nach Bayern ganz in die Nähe der Zugspitze, Deutschlands höchstem Berg. Wir beschließen, hinaufzufahren. Ich bin richtig euphorisch. Obwohl ich schon 17 Jahre alt bin, war ich noch nie in den Bergen. In der Seilbahn, am Weg Richtung Gipfel, schaue ich fasziniert auf die umliegenden Berge und die immer kleiner werdende Landschaft. Das Wetter ist bewölkt und erzeugt eine mystische Stimmung, aber durch einige Löcher in den Wolken kann man in die Weite der Landschaft blicken. Die abfallenden Felswände, die vor so langer Zeit geformt wurden, wirken starr und abweisend – und trotzdem üben sie eine unbeschreibliche Anziehungskraft auf mich aus. Wie es wohl wäre, dort hinaufzusteigen? Ich stelle mir die Bergsteiger und Kletterer wie die Kämpfer aus meinen Computerspielen vor, sie trotzen den Elementen und der rohen Gewalt der Natur. Für mich sind sie stille Helden. Ein Gefühl tief in mir schreit nach einer solchen Herausforderung. Ich erinnere mich an meinen großen Traum und rufe mir die Bilder der Expeditionen ins Gedächtnis. Ich spüre, dass ich anfangen sollte, mich vorzubereiten. Ein paar kleine Schritte habe ich

2. Zukunft braucht Herkunft

bereits gemacht, aber nun muss ich noch ein Stückchen weitergehen. Es braucht sicherlich noch viele weitere kleinere und größere Schritte, bis ich irgendwann dort ankommen werde, wo ich hinwill. All die endlosen Stunden, die ich in meine Computerspiele gesteckt habe, um dort so etwas wie ein besseres Ich zu erstellen, kann ich auch in mein echtes Leben investieren. Wenn ich den Computer ausschalte, dann ist das alles immer noch da. Ich spüre, dass ich meine Grenzen noch so viel weiter ausreizen möchte. Vielleicht um wirklich der Held zu werden, der ich in der virtuellen Welt immer war. Ich weiß, dass mein zukünftiges Glück sehr stark an die Berge gebunden sein wird. Dass ich ein blutiger Anfänger bin, bereitet mir keine Sorgen. Oder sollte es das etwa?

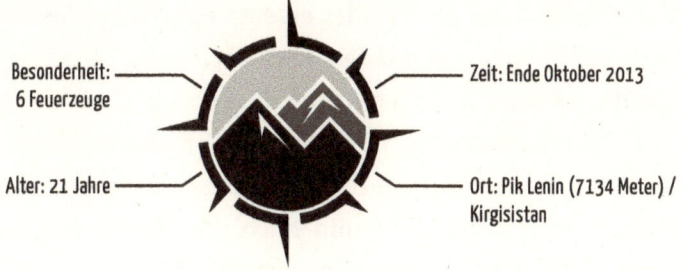

Besonderheit: 6 Feuerzeuge
Zeit: Ende Oktober 2013
Alter: 21 Jahre
Ort: Pik Lenin (7134 Meter) / Kirgisistan

3. Ein schlimmer Fehler

Es durchzuckt mich, als ob ich einen elektrischen Schlag bekommen hätte. Ich muss wohl in eine Art Starre gefallen sein. Schlagartig wird mir klar, dass ich mich auf einem kleinen Plateau, umgeben von Gletscherspalten, befinde und in Richtung Abgrund drifte. Es herrschen bereits tief winterliche Bedingungen am Berg. Warum nur musste ich mir unter diesen Verhältnissen eine Solo-Besteigung des Pik Lenin in den Kopf setzen? Aus den Augenwinkeln bekomme ich mit, wie einer meiner Daunenschuhe vom Wind aus dem Zelt herausgerissen wird. Er verschwindet lautlos in der Dunkelheit der riesigen Gletscherspalte, die sich vor mir auftut. Es muss etwa eine Viertelstunde vergangen sein, oder war es weniger? Mein Gefühl für Zeit und Raum verschwimmt. Nein, das hier ist kein Traum, das ist echt. Ich spüre sie wieder – diese Angst zu sterben. Ich befinde mich in einer ausweglosen Situation. Stück für

Stück rutsche ich der Spalte entgegen. Ich bin absolut verzweifelt. Die Reibung des Windes erzeugt ein zischendes Geräusch auf dem Eis, das sich mit dem Flattern meines Zeltes zu lautem Getöse vermischt. Es ist, als ob die enorme Kraft des Windes mir feine Nadeln unter die Haut drücken würde. Meine Finger kleben kalt und taub an der Zeltstange. Ich spüre, wie meine Körpertemperatur sinkt und mich die Wärme langsam verlässt. Fühlt sich so ein Erfrierungstod an? Ich würde mich nicht als einen besonders gläubigen Menschen bezeichnen. Ich gehe nur an Weihnachten in die Kirche und Beten liegt mir fern. Aber jetzt, in dieser Situation, fällt mir einfach nichts anderes mehr ein, ich weiß keinen Ausweg. Als letzte mir erscheinende Möglichkeit beginne ich zu flehen: »Bitte Gott – hilf mir!« Sekunden fühlen sich an wie Minuten, Minuten werden zur Ewigkeit. Meine Angst wird langsam zur stillen Panik, die sich fast schmerzhaft anfühlt. Ich bereue meine dumme Entscheidung, hier mein Camp aufgeschlagen zu haben. Doch plötzlich fällt mein Blick auf eine Gletscherspalte in meiner unmittelbaren Nähe. Gestern Abend war ich durch sie hindurchgestiegen, um hier raufzuklettern! Just in dem Moment wird das Getöse leiser und der Sturm flacht etwas ab. Ohne groß nachzudenken ziehe ich das, was von meinem noch Zelt übrig ist, mit einem kräftigen Ruck hinter mir her und springe blindlings in die vier Meter tiefe Spalte. Sie ist mit Pulverschnee gefüllt und ich lande weich. Ich schaue hoch und stelle fest, dass der Wind wieder Orkanstärke erreicht hat. War es wohl Gott, der mir aus dieser Situation geholfen hat? Das kann nicht sein, sage ich mir, während ich in das von der Spalte zusammengequetschte Zelt und in meinen wärmenden Schlafsack krieche, den ich nun auch bitter nötig habe.

3. Ein schlimmer Fehler

Die Sonne steht bereits sehr hoch, als ich wach werde. Vom tosenden Sturm der letzten Nacht ist nichts mehr zu spüren. Kurz darauf bahne ich mir erneut einen Weg durch das Spaltenlabyrinth. Sofort werde ich ruhiger und ich konzentriere mich auf mein Vorhaben. Für das Auskundschaften des Weges trage ich nur einen kleinen Rucksack mit mir, dies erscheint mir einfacher und auch sicherer. Ich weiß nicht, ob das aufwühlende Erlebnis der letzten Nacht der Grund ist, aber ich spüre einen Hauch von Einsamkeit in mir hochkommen. Konny ist längst weg und auch sonst ist niemand hier, mit dem ich mich unterhalten könnte. Ich beginne Selbstgespräche zu führen und singe lauthals meine Lieblingslieder wie »Nur zu Besuch« von den Toten Hosen oder »Welcome Home« von Radical Face, was mir das Gefühl gibt, nicht allein zu sein. Es ist schon komisch, in solchen Situationen denke ich unterbewusst im Plural. »Wir müssen da jetzt aufpassen«, sage ich dann zum Beispiel. Das erzeugt in mir die Illusion, jemanden bei mir zu haben. Und manchmal frage ich mich, ob der eine oder andere Schatten, den ich am Felsen ausmache, nicht doch auch eine Person sein könnte.

So viel wie nötig, so wenig wie möglich, lautet meine Packstrategie. Eine Unterhose für drei Wochen muss reichen. Andere schneiden aus Platzgründen Zahnbürsten in der Mitte durch. Davon halte ich nichts. So etwas Nebensächliches habe ich im Hochlager gar nicht erst dabei. Was ich dieses Mal mitgenommen habe, ist mein Kocher, Brennstoff (literweise Benzin von der Tankstelle), jede Menge asiatische Tütensuppen, ein Sattelitentelefon, das einem Backstein in Form und Gewicht nicht unähnlich ist (uralt, aber günstig bekommen), zwei Zelte und mein Schlafsack. Hinzu kommen zahlreiche Kleidungsstücke, die es mir ermöglichen, mich schichtweise an wechselnde Witterungsbedingungen und eisige Temperaturen anzupassen. Am liebsten mische ich alles irgendwie zusammen und presse es so in den Rucksack, dass die Sachen, die ich häufig brauche, gleich griffbereit sind. Vieles befestige ich auch einfach außen.

Nachdem ich einen geeigneten Weg in Richtung Camp 2 gefunden habe, deponiere ich meinen kleinen Rucksack an einer geeigneten Stelle und laufe zurück, um mein restliches Gepäck zu holen. Aufgrund dieser Taktik und der vorherrschenden Schneebedingungen bin ich jedoch alles andere als schnell unterwegs. Da ich aus meinen Fehlern lerne, halte ich frühzeitig nach einem geeigneten Zeltplatz Ausschau. Ich grabe das Zelt viel zu tief ein und verankere alles zusätzlich mit meinen breiten Schneeheringen. Zusätzlich überprüfe ich alles mehrfach. Die letzte Nacht sitzt mir noch immer in den Knochen. Irgendwie habe ich es aus diesem Horrorszenario geschafft. Feststeht für mich aber auch: Tief religiös werde ich deshalb trotzdem nicht.

Als ich am Morgen erwache sind alle Zweifel verflogen. Das Wetter ist gut und ich fühle mich dem Berg ganz nah und meine Gedanken sind klar. Es ist der Aufbruch ins Unbekannte, die Nähe zur Natur, deren Unberührtheit und die absolute Stille. Das ist es, was ich liebe und was mich in meinen Bewegungen fließen und mit der Umgebung eins werden lässt. Ich bin überglücklich in diesem Moment, obwohl ich an diesem Berg noch nichts erreicht habe. Es ist dieses einzigartige Gefühl, ein Teil von etwas ganz Großem in mir selbst zu sein. Ich spüre fast keine Anstrengung und es ist mir egal, dass ich es auch an diesem Tag nicht bis zu Camp 2 schaffe. Ich finde einen geeigneten Platz für das Zelt bei

3. Ein schlimmer Fehler

einer Eishöhle und freue mich auf ein üppiges Nachtmahl. Beim Kochen folgt jedoch der nächste Schlag: Mein Feuerzeug will nicht angehen. Es kommt sogar noch schlimmer: Keines meiner fünf Feuerzeuge funktioniert. Ich vermute eine Meuterei. Selbst mein Zippo funktioniert nicht mehr. Der Zündmechanismus ist defekt. Als es mir endlich gelingt, den Kocher zu entflammen, würde ich am liebsten einen Freudentanz hinlegen. Ich sorge für ausreichend Windschutz und beginne Eis und Schnee zu schmelzen. Da sitze ich nun, allein vor der Eishöhle, deren Wände in einem hellen blau erstrahlen, das sich nach und nach dunkler färbt, während die Flamme des Kochers gelbe Schatten auf mein Zelt wirft. Jetzt habe ich mein waschechtes Abenteuer. Ein kleines Problem genügt und die gesamte Expedition steht auf dem Spiel. Dabei geht es nicht um große Lawinen, Steinschlag oder Unwetter, schon der Verlust der Sonnenbrille kann alles zunichtemachen. Eine simple Mischung aus Pech und Dummheit kann nicht nur große Träume zerstören, sondern auch lebensbedrohliche Folgen haben.

In meiner Naivität hätte ich nie gedacht, dass mir so etwas passieren könnte. Als ich schließlich Camp 2 erreiche, funktioniert gar nichts mehr und ich muss mir eingestehen, was für ein verdammter Dummkopf ich bin. Es war ein schlimmer Fehler, ausgerechnet die fünf Feuerzeuge zu kaufen, die mit einer Piezozündung ausgestattet sind. Das bedeutet nämlich, dass zur Funkenerzeugung statt des konventionellen Zündsteins ein elektrischer Funke genutzt wird. Was ich jedoch nicht wusste: Diese Art von Zündung versagt bei großer Kälte und ab etwa 5000 Meter Höhe. Aber woher hätte ich das auch wissen sollen? Auch wenn ich schon auf fast 5000 Meter Höhe war, habe ich noch nie zuvor in solch einer Höhe übernachtet, geschweige denn gekocht. So schnell stecke ich also in der nächsten Scheißsituation. Ich ärgere mich über meinen Fehler: Ohne den Einsatz des Benzinkochers kann ich keinen Schnee schmelzen und habe somit kein Trinkwasser. Das ist eine ernstzunehmende Situation. Ich bin wütend. Das macht meine Lage allerdings auch nicht besser. Also atme ich tief durch und mache gedanklich einen Schritt zurück, um Distanz zu gewinnen. Ich blicke auf die endlose Eiswüste, die mich umgibt. Hier gibt es keinen Zeltnachbarn, den ich mal eben nach einem Feuerzeug fragen könnte. Mit ziemlich hoher Wahrscheinlichkeit gibt es sogar im Umkreis von 50 Kilometern keinen Menschen, der mir helfen könnte. Hier ist nur der Schotter- und Müllhaufen, der mit den Resten vergangener Expeditionen Camp 2 bildet. Plötzlich kommt mir eine Idee. Ich fange an zu suchen und wandere zwischen dem Müll und den Gletscherspalten, die sich im Schotter auftun, umher. Eine Stunde später habe ich endlich ein Feuerzeug gefunden. Es ist sogar eines mit traditioneller Funkenzündung. Allerdings ist es kaputt. Ich lasse das Gas des anderen Feuerzeuges laufen und versuche es zu entzünden. Es geht nicht an. Es ist zu durchgerostet. Dabei war ich gerade noch so stolz auf meinen Einfall, im Müll nach einem Feuerzeug zu suchen. Davon werde ich jetzt allerdings auch nicht satt. Mir geht der Arsch im wahrsten Sinne des Wortes auf Grundeis. Schließlich entscheide ich mich für Plan B. Eine andere Wahl habe ich sowieso nicht. Ich nehme die eiskalten Flaschen und meinen Trinksack, die beide mit Schnee gefüllt sind, und packe sie in den Schlafsack. Dann werde ich das Eis eben über Nacht mit meiner eigenen Körperwärme schmelzen. Statt der gewohnten, wohligen Wärme spüre ich, wie sich die

3. Ein schlimmer Fehler

Kälte in meinem sonst so warmen Kokon ausbreitet. Draußen tobt der Wind, laut Wetterbericht hat es minus 23 Grad Celsius und statt einer Wärmflasche habe ich ein Kühlpaket im Schlafsack. Herzlichen Dank, liebe Flugsicherung.

Mitten in der Nacht reißt mich ein dringendes Bedürfnis aus dem Schlaf, doch nicht zum Pinkeln wie sonst, sondern ich spüre, dass ich verdammt dringend kacken muss. Blitzschnell reiße ich den Reißverschluss meines Schlafsackes auf. Um mir meine Schuhe anzuziehen, bleibt keine Zeit. Ich öffne das Zelt und robbe rückwärts hinaus, sodass die Füße noch im Inneren bleiben. In letzter Sekunde schaffe ich es, mir meine zwei Lagen langer Unterwäsche herunterzureißen. Verdammter Dünnschiss! Hier oben verliert man jede Menschlichkeit, die normalen gesellschaftlichen Regeln des Zusammenlebens gelten hier nicht, es herrscht Anarchie. Aber da sowieso niemand anderes hier ist, kann sich auch niemand daran stören. Es ist die für mich effizienteste Lösung mit dem geringsten Schaden.

Morgens muss ich feststellen, dass meine Anstrengungen, irgendwie ohne Kocher klarzukommen, nichts gebracht haben. Der ganze Aufwand hat nicht mal einen Liter Wasser ergeben. Aber so schnell gebe ich nicht auf, nicht nach dem, was ich durchgemacht habe. Ich fülle Schnee nach und nehme die Flaschen unter meine Jacke. Während ich weiter aufsteige, werde ich genügend Körperwärme erzeugen, um kontinuierlich Schnee zum Schmelzen zu bringen. Ich fühle mich ziemlich cool mit meinem Plan, bis ich die schwarzen Wolken hinter dem Gipfel aufziehen sehe. Der Wetterbericht, den ich über mein Satellitentelefon von meiner Mutter Iris zugeschickt bekomme, kündigt einen schweren Sturm an. Bald wird hier oben die Hölle losgehen. Ich bin auf etwa 6000 Meter Höhe angekommen, als der Sturm mir eine harte Linke verpasst. Ich gehe zu Boden, diesen Boxkampf kann ich nicht gewinnen. Jetzt heißt es realistisch bleiben und vor allem Ruhe bewahren. Das Zelt wird mir um die Ohren fliegen, sobald ich auch nur versuche, es aufzubauen. Und einen Sturm kann ich ohne Kocher beim besten Willen nicht aussitzen. Es ist so kalt, dass auch der Schnee unter meiner Jacke keine Veranlassung dazu sieht, zu schmelzen. Ich beschließe, meine Ausrüstung hier zu lassen, um zumindest den Pik Razdelnaja, einen einfachen Sechstausender, zu erreichen. Zur Umkehr gezwungen, will ich wenigstens irgendetwas erreicht haben. Ganz egal was. Ich will nur einen Grund haben, der es mir leichter macht, diesen Ort hinter mir zu lassen. Ich kämpfe gegen die Höhe und die Windböen, die mir deutlich stärker vorkommen als die prophezeiten 88 Kilometer die Stunde. Es ist weit kälter als arschkalt, die Temperatur beginnt sich bei gefühlten minus 56 Grad einzupendeln. Aber ich fühle nichts, vor allem nicht meine Füße, geschweige denn meine Zehen. Bis über die Knöchel kriecht die Taubheit langsam hinauf. Das bereitet mir Sorgen, als ich auf dem unbedeutenden, fast 6200 Meter hohen Steinhaufen stehe. Was zur Hölle tue ich hier eigentlich? Ich kann keine fünf Meter weit sehen und der Wind pfeift mir um die Ohren. So schnell ich kann, kehre ich dem Berg den Rücken zu. Ich verspüre kein bisschen Reue oder Enttäuschung, dass ich es nicht auf den Gipfel des Pik Lenin geschafft habe. Ich habe alles gegeben, was möglich war. Jetzt geht es nur noch darum, heil herunterzukommen. Ich werde nicht genügend Schnee schmelzen können, um hier bei einem anhaltenden Sturm nicht vollständig zu dehydrieren. Ich muss

3. Ein schlimmer Fehler

runter. Vor meinen Augen erscheint mein Zuhause, meine Eltern, die auf mich warten, meine kleinen Schwestern, die fragen, wo ich bleibe. Auf einmal habe ich eine solche Sehnsucht nach ihnen. Ich kämpfe mich, den Elementen trotzend, den Berg hinunter und fühle mich wie ein unsterblicher Held in einem Roman. Aber es ist die Wirklichkeit und der Ausgang ist ungewiss.

In Extremsituationen fühle ich mich manchmal schuldig. Schuldig, dass ich dort draußen am Berg bin und so rücksichtslos mein Ding durchziehe. Was ist, wenn ich nicht zurückkehre? Wie kann ich den Menschen, die mir wichtig sind, nur immer wieder solche Lasten auferlegen? Meine Fehler zeigen mir, dass ich oft etwas tue, wozu ich eigentlich noch nicht bereit bin. Alles gegeben zu haben und das Unmögliche versucht zu haben, ist jedoch das, was mein Ego erst befriedigt. Erst als es keinen anderen Ausweg mehr gab, bin ich umgekehrt. Gleichzeitig erschließt sich mir das, was ich tue, nicht wirklich. Alles, was ich weiß ist, dass ich ein Suchender bin. Dafür lebe ich.

Zeit: Ende November 2012

Besonderheit: keine Cola
Ort: Mont Blanc (4810 Meter) / Frankreich
Alter: 20 Jahre

4. Der junge Wilde

Als ich nach zwei Tagen Trampen Chamonix erreiche, ist es bereits dunkel. Wo ich die Nacht verbringen werde, weiß ich noch nicht, aber ein Hostel kommt für mich nicht in Frage. Das wären unnötige Ausgaben, die ich mir nicht leisten kann und will. Ich habe kein Geld, dafür aber Zeit und mit dieser Zeit kann ich meine Kosten reduzieren. Trampen dauert vielleicht einen Tag länger als Fliegen, kostet mich aber nichts. Für diese Reise und Besteigung habe ich insgesamt nicht mal 18 Euro ausgegeben:

Trampen:	*0 Euro*
Übernachtung / Biwak:	*0 Euro*
2 Tütensuppen:	*3,96 Euro*
500 g Pasta:	*0,39 Euro*
500 g Haferflocken:	*0,81 Euro*
18 Müsliriegel:	*3,75 Euro*

Vitaminbrausetabletten:	*0,95 Euro*
2 Brote à 1000 g:	*3,98 Euro*
2 x Wurst à 250 g:	*2,18 Euro*
Tee:	*1,45 Euro*
Gesamt:	*17,47 Euro*

Ich studiere gerade mit höchster Konzentration meine Karte, als mich jemand fragt, ob ich etwas suchen würde. Ich antworte mit einer Gegenfrage: »Wo geht's hier zum Mont Blanc hoch?« Mein Gegenüber mustert mich und meine viel zu schwere Ausrüstung und sagt lachend: »Komm erst mal mit zu mir, dann kannst du morgen nach einem guten Frühstück starten.« Er stellt sich als Paul vor und ich nehme seine Einladung dankend an. Wieder einmal treffe ich auf einen wundervollen Menschen. Gerade hatte ich mir noch den Kopf darüber zerbrochen, wo ich mein überflüssiges Gepäck während der Tour lassen könnte – vielleicht bei der ersten Gelegenheit für ein Biwak am Berg, vielleicht auch im Wald –, aber die Begegnung mit Paul macht diese Sorgen nun überflüssig. Paul stammt ursprünglich aus Rumänien und arbeitet als Zimmermann, aber eigentlich ist er wegen seiner großen Leidenschaft, dem Gleitschirmfliegen, nach Chamonix gekommen. Er erzählt mir, dass er ein exzellenter Pilot sei, aber eine Profikarriere für ihn nicht in Frage käme, denn dann müsste er sich nur noch mit dem Fliegen beschäftigen. Die Welt aber biete ihm zu viele andere interessante Möglichkeiten, als dass er sich nur auf das Fliegen konzentrieren wollte. In der Hinsicht ticke ich anders. Ich träume davon, mich eines Tages voll und ganz auf die Berge konzentrieren zu können. Ich weiß, dass es wahrscheinlich ein Traum bleiben wird. Es ist eine mei-

4. Der junge Wilde

ner ersten größeren Touren und ich stehe mit meinen 20 Jahren noch ganz am Anfang. Damit gehöre ich eher zu den Spätzündern. Aber wenn ich mir nicht jetzt die Zeit nehme, zumindest einen Teil meiner Träume auszuleben, mich auszuprobieren und meinen Platz in der Gesellschaft zu finden, wann dann? Häufig muss man einfach losstarten, um irgendwo anzukommen. Manchmal reicht schon ein kleiner Schritt in eine bestimmte Richtung, auf den dann ein zweiter und ein dritter folgt – irgendwann hat man sein Ziel erreicht. Man muss es nur fest daran glauben und den Willen dazu haben. Ich bin davon überzeugt, dass ein starker Wille auch einen schwachen Körper und ängstlichen Geist zu Höchstleistungen antreiben kann. Aber woher kommt dieser ungebrochene Wille? Bei mir war es zu dieser Zeit definitiv die verzweifelte Suche nach Aufmerksamkeit und Anerkennung. Ich möchte großartige Taten vollbringen und deren Leistung soll gesehen und gewürdigt werden. Das zeugt von einem großen Ego und meine einfache Rechnung lautet: Je schwieriger das Vollbrachte, desto größer die Tat. Und was könnte schwieriger sein, als etwas ganz allein zu tun?

In unserer Großfamilie gab es zwischen meinen Geschwistern und mir immer diesen unbewussten Wettbewerb um die Aufmerksamkeit unserer Eltern. Bei mir ist es ganz klar mein Vater, den ich beeindrucken möchte. In der siebten Klasse erwachte plötzlich mein Ehrgeiz und ich arbeitete mich innerhalb eines halben Jahres vom unteren Ende des Durchschnitts zum Jahrgangsbesten hoch. Aber mit der Zeit gewöhnten sich alle an meine guten Noten und ich konnte niemanden mehr damit beeindrucken. Ich versuchte deshalb, mit großartigen Geschichten und Heldentaten aufzutrumpfen. Auch meinen Schulkameraden gegenüber verhielt ich mich so. Ich gab mich arrogant und eingebildet, bildete mir ein, etwas Besseres zu sein. Es hat sich gut angefühlt. Heute sehe ich diese Gedanken als falsch an, auch wenn sie mich damals zum Vorzeigeschüler gemacht haben. Schließlich mache ich mit 19 Jahren mein Abitur als Jahrgangsbester, obwohl mich die Lehrer zu Beginn der Gymnasialzeit noch auf die Hauptschule schicken wollten.

Langsam ziehe ich meine Spur durch den frischen Novemberschnee. Da die Bahn, die normalerweise Tausende Bergsteiger nach oben bringt, um diese Jahreszeit außer Betrieb ist, muss ich die 2000 Höhenmeter zu Fuß zurücklegen. Dafür werde ich den Mont Blanc ganz für mich allein haben. Ich werfe vom Gletscher einen prüfenden Blick in Richtung Felswand hinauf. Die Normalroute führt über den Dôme du Goûter (4304 Meter), hat aber unglaublich viel Schnee. Sie sieht wenig begehbar und unsicher aus, ich werde wohl auf eine andere Route ausweichen müssen. Diese Ungewissheit macht mich extrem nervös und mein Respekt vor dieser Tour steigt. Während ich nachts im Biwak den Sternenhimmel betrachte, läuft mir der Angstschweiß eiskalt über den Rücken. Es ist nicht so, dass ich mich davor fürchten würde, mich zu verletzen oder zu scheitern. Es ist ein Gefühl, das ich nicht näher definieren kann. Vielleicht ist es die Angst, nicht das zu finden, wonach ich suche. Vielleicht fürchte ich, dass mir der Berg nicht die Antworten auf meine Fragen geben kann. Ich fühle mich orientierungslos und weiß nicht, wo ich hingehöre. Was hat es für einen Sinn, auf diesen eisbedeckten Steinhaufen zu steigen? Was habe ich mir davon erhofft? Genau in diesem Moment er-

4. Der junge Wilde

scheint eine Sternschnuppe am Himmel – fast so wie in einem kitschigen Hollywoodfilm – und alles, was ich mir von Herzen wünsche, ist, meinen Weg zu finden, meine Bestimmung. Ich hoffe, dass mir dieser Berg zeigt, wer ich bin und wo mein Platz in dieser Welt ist. Ich wäre nicht der Erste, der auf sich gestellt eine bedeutende Erfahrung an diesem Berg macht. Es gibt jemanden, der mich sehr inspiriert:

Naomi Uemura (1941–1984) war ein japanischer Abenteurer und Bergsteiger. Er hat all das allein vollbracht, was vor ihm nur großen Teams gelang. Er war von Natur aus schüchtern und erhoffte sich vom Bergsteigen eine Steigerung seines Selbstbewusstseins. Als er schließlich einer Bergwandergruppe beitrat, war er zunächst der Langsamste, was nicht selten einen Schlag mit dem Eispickel zur Folge hatte. Heimlich begann er, sehr intensiv zu trainieren, und so kam es, dass er bereits mit Mitte 20 seine Bergsteigerkarriere begann. Da er als einziger Teilnehmer einer großen Gruppe den Gipfel des Mont Blanc erreichte, wurde er von den Zeitungen als alleiniger Held gefeiert. Er verstand den Erfolg jedoch als Teamarbeit und konnte sich mit den Schilderungen der Medien nicht anfreunden. Ebenso war es ihm ein Dorn im Auge, dass bei seinen Himalaya-Expeditionen, die mit der Besteigung des Everests gekrönt wurden, Sherpas für sein Vergnügen ihr Leben lassen mussten. Die gewaltige Maschinerie, die für so eine Unternehmung vonnöten war, bereitete ihm Unbehagen. Gleichzeitig fühlte er sich wie ein Bettler, der mit dem Geld anderer seine persönlichen Träume lebte. Diese Menschen glaubten an ihn – aber was würde geschehen, wenn er scheiterte? Er beschloss, nur noch allein in die Berge zu gehen. Er wollte keine Verantwortung für andere übernehmen müssen und sich ganz auf die Aktivität konzentrieren können. 1978 schaffte es Uemura, begleitet von nur 18 Schlittenhunden, zum Nordpol. Ein bis dahin unerreichter Meilenstein. Es gab bereits Pläne für eine Solo-Antarktis-Expedition, doch sein Glück sollte nicht lange währen. Im Winter 1984 gelang ihm eine Solo-Besteigung des Denali (6194 Meter) in Alaska, von der er nicht mehr zurückkehrte. Für mich sind seine Taten auch heute noch visionär.

Das geht mir durch den Kopf, während die Sonne aufgeht und ich mich in Bewegung setze. Meine Zweifel verfliegen wieder und ich bin frohen Mutes. Ich kann in einen steilen, schneefreien Grat links neben der Normalroute einsteigen. Der Grat hat gute Tritte und windet sich immer steiler in die Höhe. Als ich jedoch bemerke, dass er leicht überhängend ist, habe ich den *Point of no Return* schon längst überschritten. Es bleibt mir also nichts anderes übrig, als immer weiter nach oben zu klettern. Ich ziehe meinen Körper mit nackten Händen an dem eiskalten Granit hoch, der meine Finger kurzzeitig festkleben lässt. Mein Puls schlägt seinen manischen Schlag. Die Mischung aus Angst und Adrenalin lässt mich zittern. Es ist ein Scheißgefühl, hier zu sein. Noch dazu vollkommen allein. Die Helikopter aus Chamonix schwirren über mir wie die Geier, nur darauf wartend, dass ich einen losen Felsbrocken greife und in die Tiefe stürze. Würde das überhaupt jemand mitbekommen? Ich schiebe den Gedanken beiseite. Ich finde einen alten, verkeilten Klemmkeil in einer Felsspalte – nicht gerade beruhigend. Anscheinend habe ich mich in etwas hineinmanövriert, das aufgrund der Schwierigkeiten normalerweise am Seil ge-

4. Der junge Wilde

klettert wird. Aber ich kann nicht zurück, also bleibt nur die Flucht nach oben. Schließlich komme ich am oberen Ende des Grates an. Mir wird schlecht bei dem Anblick. Ich stehe auf einer 50 mal 50 Zentimeter großen Stein-Plattform, links und rechts geht es 400 Meter in den Abgrund und der einzige Weg aus dieser misslichen Lage ist geradewegs hinauf, auf einen 60 Grad steilen, mit Pulverschnee bedeckten Abhang. Ich werfe mich auf diesen Hang wie ein Ertrinkender im Kampf ums Überleben. Mit brutaler Entschlossenheit und Kraft versuche ich unkontrolliert nach irgendetwas zu greifen, das mich oben hält. Meine Füße gleiten haltlos durch den Pulverschnee. Erst als ich fünf Meter später festen Boden unter den Füßen habe, kommt ein Gefühl des Triumphes auf. Jetzt wo ich hier oben stehe, empfinde ich die fragwürdige Strategie als richtig. Ich habe über mich selbst gesiegt. Wie ich wieder hinunterkomme, ist mir erst einmal egal.

Eigentlich dürfte mir so ein Fehler nicht passieren. Aber wenn ich ehrlich bin, musste es ja so kommen. Das hier ist mein erster Viertausender in den Alpen und erst meine dritte Tour. Der Mont Blanc ist ein »einfacher« Ausdauer-Berg. Gut, es ist Winter, aber selbst zu dieser Jahreszeit sollte die eigentliche Herausforderung darin bestehen, meine Ausrüstung hinaufzuschleppen, und nicht, dabei in irgendeiner Gletscherspalte zu verschwinden. Auf irgendwelchen brüchigen, viel zu steilen Graten rumzuturnen, stand nicht auf meiner To-do-Liste. Doch das eingeschossene Adrenalin lässt ein Hochgefühl zurück. Klettern ist Liebe und Hass zugleich. Manchmal muss ich diese unschönen Momente überwinden, um das süße Gefühl der Erleichterung zu spüren. Ohne Angst kein Mut. Schließlich wühle ich mir meinen Weg durch den Schnee zur Biwak-Schachtel am oberen Rand der Wand. Früher war dies die Haupthütte, doch seitdem es einen modernen, gut ausgestatteten Neubau der Refuge du Goûter (3835 Meter) gibt, dient diese alte Hütte als offener Winterraum. Es ist niemand hier, ich habe alles für mich allein. Yes!

Ich breite mich in meiner Räuberhöhle aus und gehe den morgigen Plan in meinem Kopf durch. Ich werde mich akklimatisieren und mir den oberen Teil der Route ansehen. Dort gilt es einen Gletscher zu überqueren. Ob das solo überhaupt möglich ist, werde ich erst vor Ort feststellen können. Erst mal muss ich Schnee schmelzen, doch der Ruß, der sich an meinem Kocher gebildet hat, erstickt die Flamme. Ich hätte wohl doch das gereinigte, aber sauteure Outdoor-Benzin aus dem Fachhandel dem billigen Super-Benzin von der Tankstelle vorziehen sollen. Ich nehme eine alte Fleischkonservendose, die ich im Winterlager finde, bohre mit meinem Messer in den oberen Rand ein Dutzend Löcher und fülle sie mit Benzin – ein neuer Kocher ist geschaffen. Statt die Dunkelheit zu verfluchen, zünde ich eine Kerze an. Mein neuer Kocher ist zugegebenermaßen bei Weitem nicht so effizient, aber er funktioniert. In den Morgenstunden steige ich nur mit dem Nötigsten auf. Meine Erkundung führt mich schnell zu dem vergletscherten Gebiet oberhalb der Refuge du Goûter. Den Gletscher allein durchzusteigen, wäre mit meiner geringen Erfahrung schlichtweg lebensmüde. Ich kann nicht einschätzen, wie viel die Schneebrücken tragen. Vorsichtig stochere ich mir einen kleinen Pfad mit meinem Geh-Pickel zurecht, als ich die perfekte Lösung erspähe. Eine etwa 50 Grad steile Eisrampe, die bis

4. Der junge Wilde

zum oberen Ende des Spaltengebiets führt. Das Eis wird mich tragen, da bin ich mir sicher. Ich beginne meinen Pickel einzuschlagen und mich mit der anderen Hand abzustützen. Es ist kompaktes blaues Eis, das unter meinen Pickelschlägen zersplittert. Ich habe nur einen Pickel, wenn der abrutscht, dann rutsche ich mit, und zwar ein paar Hundert Meter die Rampe hinunter, bis mich ein hässlicher Eisklotz abrupt zum Stoppen bringen würde. Jetzt heißt es gut stehen, das Gewicht auf beide Steigeisen verlagern, die linke Hand auf die Eisfläche drücken und dann den Pickel aus dem Eis lösen und höher einschlagen. Mit dieser Technik gewinne ich rasch an Höhe. Dadurch, dass ich voll auf den Bewegungsablauf konzentriert bin, wird mir erst später bewusst, dass mir ein nicht unbedeutender Fehler unterlaufen ist. Noch während ich oben aussteige, fällt mir ein, dass es wohl ziemlich schwierig werden wird, den Kram wieder rückwärts abzuklettern. Das ist etwas, das ich nur einmal machen will. »Ich werde die eine Nacht im Vallot-Biwak kurz unterhalb des Gipfels schon überstehen«, sage ich mir und laufe über den Gipfel des Dôme du Goûter (4304 Meter) darauf zu. Die Gletscheraktion hat mehr Zeit gekostet, als ich geplant hatte. Die Sonne steht bereits sehr niedrig und taucht den Himmel in ein tiefes, leuchtendes Rot. Aber die Schönheit dieses Moments kann ich nur wenige Sekunden genießen. Als ich nämlich die Tür des Containers öffne, muss ich feststellen, dass dieser voll Schnee ist. Durch die Toilettenklappe, die einem normalerweise erlaubt, aus der Blechbüchse von innen heraus sein Geschäft zu erledigen, sind Unmengen von Schnee hineingeweht worden. Ich schaufele mir mit Händen und Füßen einen Platz in der Ecke frei – und was kommt zum Vorschein? Ein beinah nagelneues Eisgerät! Genau so eines verwende ich zum Steileisklettern. Es ist ein Geschenk des Berges, mit dem ich das Eisfeld ohne größeres Risiko rückwärts abklettern kann. Aber noch befinde ich mich auf meiner Mission Richtung Gipfel. Mein Rucksack sieht mager aus, etwa ein Liter Flüssigkeit, ein Biwak-Sack, meine Kopflampe, Taschentücher … und das Schild. Ich habe ein 30 mal 30 Zentimeter großes Pappschild dabei, es ist sozusagen meine Verbindung zur Außenwelt, zur Welt jenseits der Berge. Dort, wo meine Freundin auf meine Wiederkehr wartet und wo meine kleinen Schwestern ihren Geburtstag feiern. Auf einer Seite des Schildes stehen Geburtstagsglückwünsche für Ausma und Rieta, auf der anderen Seite steht ein kitschiges »So hoch schlägt mein Herz für dich« für meine Freundin. Es ist schon komisch: In den Momenten, die ich allein in den Bergen unterwegs bin, spüre ich die Liebe der Menschen, die mir nahestehen, aber so weit weg von mir sind, am meisten.

Ich habe mir noch nie etwas ausreden lassen und ziehe immer rücksichtslos durch, worauf ich Lust habe. Falls meine Freundin mich versteht, wird sie mich gehen lassen und darauf warten, dass ich wiederkomme. Versucht sie mich davon abzuhalten, meine Träume auszuleben, kann sie nicht die Richtige sein. Man kann für mich oder gegen mich sein. Und wie könnte ich mit jemandem zusammen sein, der mich nicht versteht? Wenn Mädels mich zu einer Entscheidung zwingen möchten, auf die simple »Ich oder die Berge«-Art, dann weiß ich, wie ich mich entscheiden muss, um meine selbst erschaffene Freiheit zu bewahren. Und wenn es wehtut: Nichts hilft besser als die Schmerzen einer harten Bergtour.

4. Der junge Wilde

Ich setze mich so, wie ich bin, mit Schuhen und Klettergut, auf das Pappschild, ziehe den Plastik-Biwaksack wie einen überdimensionalen Gefrierbeutel über mich und lehne mich an meinen Rucksack. »Immerhin ist es windstill hier drinnen«, denke ich mir noch. Dann falle ich in ein Delirium und betrete eine Welt zwischen Schlaf und Wachsein. Für kurze Zeit suchen mich bizarre Albträume heim, die aber sofort wieder verfliegen. Dann taucht die schnell vorbeirasende Straße vor meinen Augen auf und die Gedanken schweifen ab. Ich stehe, vollbeladen mit zwei Rucksäcken, einem Paar Skiern und meinen Skistiefeln an der Autobahntankstelle. Ein Nissan GTR hält lautlos an der Zapfsäule. Ich gehe auf den Fahrer zu, frage aber nicht wie sonst, ob er noch einen Platz im Auto frei hätte und in welche Richtung er fahren wird, mir entweicht nur ein Kurzes: »Äh, Sie brauche ich ja nicht zu fragen, Sie nehmen mich wahrscheinlich eh nicht mit.« Er schielt kurz auf meinen Gepäckhaufen und antwortet mit einem Lächeln: »Mit dem Gepäck bestimmt nicht.« Ich warte weiter auf die nächste Gelegenheit. Trampen ist eben Abenteuer. Gleichzeitig ist es die billigste Art zu reisen und Chamonix, das Kletter- und Ski-Mekka der Westalpen, liegt nun mal tausend Kilometer entfernt von meinem Zuhause. Ja, manche halten mich für verrückt, aber ich liebe diese Ungewissheit. Nicht zu wissen, wie gut ich vorankomme oder auf welche Menschen ich treffe, gibt mir einen gewissen Kick. Die Meinung, dass so etwas riskant sei, teile ich nicht. Manchmal bin ich von der Menschheit enttäuscht. Gerade hier in Deutschland empfinde ich den Umgang untereinander oft als kühl und distanziert. Wenn ich mal wieder dumm angemacht werde und am menschlichen Miteinander zweifele, gehe ich einfach trampen. Und jedes Mal stelle ich aufs Neue fest, dass es viele hilfsbereite und herzensgute Menschen gibt. Zumindest bin ich beim Trampen noch nie schlechten Menschen begegnet. Die legen sich wahrscheinlich irgendeine Ausrede zurecht, damit sie mich nicht mitnehmen müssen, und fahren an mir vorbei. Reflexartig schaue ich zu der sich öffnenden Tankstellentür, aus der der Nissan-Fahrer herausmarschiert. In seinem Gesicht kann ich ein Lächeln erkennen, dem ein »Na gut, lass es uns versuchen« folgt. Wir stopfen meine Ausrüstung auf den Rücksitz des Sportwagens, die Skier liegen halb auf meinem Schoß. Ich fühle mich wie in einem Panzer mit schusssicherem Glas, die gewaltige Masse wird explosionsartig von unzähligen Pferdestärken nach vorne katapultiert. Nun, da wir mit über dreihundert Stundenkilometern über die Autobahn rasen, muss ich grinsen. Wenn das mal kein guter Start für meine Tour ist, dann weiß ich auch nicht.

Ich fahre aus meinem Halbschlaf hoch. Es ist bitterkalt. Nur mein Biwaksack bewahrt mich davor, nicht zu erfrieren. genau für Notsituationen wurde er auch konzipiert. Mein Körper zittert rhythmisch. Aber solange ich meine Zehen noch bewegen kann, ist alles noch im grünen Bereich. Ich fühle mich, als ob ich unter Wasser getaucht und anschließend in eine Gefriertruhe gesperrt worden wäre. Dann erscheint die erlösende 3 auf dem Display meiner 25-Euro-Casio-Armbanduhr. Endlich, es ist so weit! Ich wäre noch zu einem eingefrorenen Mammut mutiert, wenn die Nacht noch länger gedauert hätte. Am Morgen ist das Wetter generell am stabilsten. Deshalb ist es immer gut, spätestens gegen Mittag den Gipfel zu erreichen. Dieses Mal geht es mir jedoch darum, den Sonnenaufgang vom

4. Der junge Wilde

Gipfel aus zu sehen. Blitzschnell lege ich meine Steigeisen an und starte in die Dunkelheit. Es ist kalt. Keine Ahnung, wie kalt, auf jeden Fall kalt. Scheißkalt. Auf dem Grat arbeite ich mich rhythmisch und Schritt für Schritt zum höchsten Gipfel der Alpen vor. Meine Nase läuft, ich wische sie mir ab. Nun sehe ich, dass sie blutet. Fasziniert beobachte ich, wie das tropfende Blut im selben Moment, wo es meinen Eispickel berührt, gefriert. Es sieht aus wie Wachs. Ich stopfe mir ein zusammengerolltes Taschentuch in die Nase und bemerke dabei, dass meine Uhr kaputt ist. Sie zeigt eine Ziffer weniger an, was ich im Halbschlaf anscheinend nicht registriert habe. Ich bin also um 0.30 Uhr anstatt um 3 Uhr gestartet! Aber zurück in die Kühltruhe will ich auch nicht. Schließlich stehe ich um kurz nach 3 Uhr auf dem Gipfel. Den Sonnenaufgang, den ich hier oben sehen wollte, werde ich wohl ausfallen lassen müssen. Stattdessen erwartet mich ein viel unglaublicherer Anblick. Die klare Winternacht lässt die Sterne enorm groß und strahlend erscheinen – es ist der schönste Sternenhimmel, den ich je gesehen habe. Außer dem Wind höre ich kein Geräusch. Dieser Moment gehört mir ganz allein. Während ich hier oben Dutzende von Sternschnuppen ausmachen kann, bleibt der Lichtsmog der Menschen im Tal.

Der Gipfel selbst überwältigt mich nicht – ich wusste, dass ich es schaffen werde. Ich schieße schnell ein paar Fotos mit dem Pappschild, die ich später ausdrucken werde und als Postkarten verschicken will. Dann heißt es nichts wie runter, es ist kalt und ich bin dehydriert. Ich muss in Bewegung bleiben. Meine Trinkflasche ist im Rucksack zu einem Eisklotz gefroren. Am liebsten würde ich sie den Berg hinunterwerfen. In der beginnenden Dämmerung klettere ich das steile Eisfeld problemlos rückwärts ab. Weiter unten sehe ich einen Rucksack, der in einem kleinen Hängegletscher, direkt auf der anderen Seite des Refuge du Goûter, liegt. Ich ärgere mich, dass er ausgerechnet in diesem gefährlichen Spaltengebiet hängt. In ihm befindet sich bestimmt so einiges, was ich gut gebrauchen könnte. Aber dahin abzusteigen wäre mit einem hohen Risiko verbunden. Erst viel weiter unten kommt mir der entscheidende Gedanke: Zu einem so großen Rucksack muss doch auch jemand dazugehören, so etwas Wichtiges lässt man doch nicht einfach zurück. Ob da jemand abgestürzt ist?

Ich habe schon seit einigen Stunden nichts mehr getrunken und stelle mir vor, wie ich mir in Chamonix eine Cola kaufe. Dieser Gedanke motiviert mich so sehr, dass ich mit einem unglaublichen Tempo absteige. Selbst nachdem meine Füße so wundgelaufen sind, dass sie sich anfühlen, als wären sie gehäutet und mit Salz eingerieben, verringere ich mein Tempo nicht. Aber als ich Chamonix endlich erreiche, ist bereits alles in Dunkelheit gehüllt und die Läden haben geschlossen. Statt einer Cola serviert mir Paul einen Liter Earl Grey. Auch damit ist mein Körper zufrieden. Paul ist sichtlich überrascht, mich so gegeißelt zu sehen, und kocht Kartoffeln und Fisch. Ich kann nicht anders, als die einfache Mahlzeit herunterzuschlingen. Sobald wie möglich humpele ich wie ein Verwundeter, der aus dem Krieg heimkehrt, zur Bergrettung und zeige ihnen ein Foto, das ich vom Rucksack gemacht habe. Wissend nicken sie: »Wir vermissen schon länger drei Leute. Morgen fliegt ein Heli hoch, aber das ist keine Rettungsmission.« Mir ist ein bisschen mulmig zumute, als ich das Büro verlasse. Ich habe mir ja einige

4. Der junge Wilde

Dummheiten bei meiner Besteigung erlaubt, aber die Möglichkeit, dabei zu sterben, hatte ich verdrängt. Noch liegt mein ganzes Leben vor mir, ich habe Ziele und Pläne. Ich kann mir nicht vorstellen, dass das alles nicht mehr stattfinden soll. Ich fühle mich unsterblich.

Besonderheit: 1 gefrorene Dose Ananas
Zeit: Ende Oktober 2013
Alter: 21 Jahre
Ort: Pik Lenin (7134 Meter) / Kirgisistan

5. Dunkelste Nacht

Verdammt, ich habe mich verlaufen. Der Schnee hat meine Spuren verweht und ich stehe mitten auf dem Gletscher. Ich weiß nicht, wo vorn und hinten ist, und mein GPS liegt gut verpackt im vorgeschobenen Basislager. »Da hilft es mir gerade wenig«, murmele ich vor mich hin. Ich bin völlig erschöpft und muss mein Lager aufschlagen, bevor ich mich in noch mehr Schwierigkeiten hineinmanövriere. Nie hätte ich mir vorstellen können, dass mich diese Expedition in Kirgisistan so oft an meine Grenzen bringen würde. Beim Freischlagen meines Lagerplatzes fühle ich mich, als ob alle Lebensenergie aus mir gewichen wäre. Ich muss mehrmals pausieren, bis ich mich endlich in das Zelt fallen lassen kann. Es ist mir egal, was gerade passiert. Mir ist gerade alles egal. Nichts spielt eine Rolle. Ich fühle mich schwer und müde. So muss es sein, wenn man im hohen Alter einfach in seinem Bett einschläft und morgens nicht mehr erwacht. Doch ich wache wieder auf. Während ich mein Lager im Zeitlupentempo abbaue, manövriert mich ein unachtsamer Moment direkt in die nächste Katastrophe. Ein Windstoß erfasst meinen bereits gepackten Schlafsack, welcher daraufhin in Richtung Gletscherspalte rutscht. Automatisch sprinte ich los, als würde reiner Strom meine Venen durchfließen und meinen Körper anfeuern. Schließlich springe ich wie ein Rugby Spieler im letzten Moment auf den Schlafsack. Touchdown im Spiel des Überlebens! Doch statt tosendem Applaus ernte ich nur einen Schlag ins Gesicht. Es folgt ein weiterer und schließlich landet ein dritter direkt auf meinem Brustkorb. Die dünne Luft fordert ihren Preis, die Sprintenergie war nur ein Kredit. Jetzt zahle ich sie mit einem Schlag zurück. Eine gerechte Bestrafung für meine Dummheit. Ich schleiche über den Gletscher wie ein Greis mit Gehhilfe – nur halb so schnell. Auf dem Weg nach unten kreisen meine Gedanken allein um Wasser. Ich habe seit gestern nichts mehr getrunken. Zum Glück kann ich meine Skier nutzen um den Gletscher abzufahren, somit bin ich viel schneller als beim Hochlaufen. Plötzlich erinnere ich mich an eine Stelle, an der ich beim Aufstieg ein kleines Wasserbecken entdeckt hatte. Ich verfalle in eine Art Trance, indem ich mir immer und immer wieder das Bild des Wassers vor Augen rufe. Alles, woran ich denken kann, ist Wasser. Bin ich in den Bergen, lerne ich wieder den Wert der einfachsten Dinge zu schätzen und ich begnüge mich mit dem, was ich habe – egal wie wenig es letztlich ist. Meine Perspektive verändert sich hier oben. Normalerweise nehmen wir Wasser als etwas Selbstverständliches an. Wie lebensnotwendig dieses Element ist, begreifen wir häufig erst, wenn wir es nicht mehr haben. Es ist ein sehr reales Spiel, das ich hier treibe. Halte ich die Balance, bleibe ich am Leben. Gehe ich zu weit, sterbe ich.

5. Dunkelste Nacht

Ich schiebe den Schnee zur Seite. Mein Pickel durchschlägt das Eis beim dritten Schlag. Da ist mein Schatz, mein Lebenselixier. Ich trinke so viel von der eiskalten klaren Flüssigkeit, bis ich Kopfschmerzen bekomme. Ich fülle mir nur einen Liter ab, schließlich liegt das vorgeschobene Base Camp neben einem Fluss. Es vergeht eine knappe Stunde im Abstieg, bis ich es erreiche. Voller Freude schaufele ich zuerst mein Zelt frei und befreie dann den gefrorenen Fluss vom Schnee. Als ich die Eisdecke durchbreche, erwartet mich allerdings eine böse Überraschung. Luft. Darunter ist nur Luft, kein Wasser weit und breit. Panisch grabe ich im Flussbett, doch ich finde nichts. Ich bringe nicht einmal mehr die Energie auf, mich aufzuregen, stattdessen krieche ich enttäuscht und resigniert in mein Zelt. Jetzt wäre doch der passende Zeitpunkt für die Dose Ananas, die ich mir für solche Momente aufgehoben habe. Aber auch daraus wird nichts: Die Ananas ist zu Eis gefroren.

Am Ende machen sich die Anstrengungen der letzten Tage und Stunden bemerkbar und mein Körper fährt runter. Ich träume davon, in einer Seilschaft unterwegs zu sein. Ich stürze in eine Spalte, es ist kalt. Niemand kommt mich holen, niemand rettet mich. Ich spüre keinen Seilzug. Ich rufe. Schließlich wache ich panisch und verwirrt auf. Ich muss feststellen, dass die Wasserflasche, die ich mit in den Schlafsack genommen hatte, um ihr Gefrieren zu verhindern, nicht ganz verschlossen war. Etwa 500 Milliliter der kostbaren Flüssigkeit sind in meinen Schlafsack gelaufen. Die Nacht entwickelt sich zu einem ausgewachsenen Horrorszenario. Ein Teil des Schlafsackes gefriert und mir wird richtig kalt. Zum Glück unterkühle ich nicht. Die dicke, lange Unterwäsche aus schwerer Merinowolle hält mich auch bei Feuchtigkeit noch warm.

Gerädert von der letzten Nacht – und nicht zuletzt auch, weil ich einfach zu faul bin –, beschließe ich, die verbliebenen 45 Kilo meiner Ausrüstung mit einem Mal ins Basislager zu tragen. Ich will nicht noch mal aufsteigen müssen. Deshalb packe ich 25 Kilo in meinen Rucksack und 20 Kilo in einen großen roten 100-Liter-Packsack. Nach einigen Metern muss ich eine Pause einlegen und die Hand wechseln. Auf diese Art bin ich jedoch unglaublich langsam, so langsam, dass es schon dunkel ist, als ich auf dem Pass ankomme, auf dem ich Wochen zuvor vom Base Camp aus aufgestiegen bin. Allerdings bin ich deutlich zu weit rechts gelandet. Suchend blicke ich mich um und meine Stirnlampe erfasst weiter links ein seicht abfallendes Schneefeld. Auf diesem will ich hinunterlaufen. Doch so weit kommt es erst gar nicht. Ich bin gerade damit beschäftigt, den Packsack auf die Hangseite zu tragen, als der Pfad aus zusammengefrorenen Steinen plötzlich unter meinen Füßen wegbricht. Ich lande mit meinem vollen Körpergewicht inklusive Rucksack auf dem roten Plastiksack, der mich wie ein Schlitten den Hang hinunter katapultiert. Jetzt erst registriere ich, was gerade passiert. Meine Füße krallen sich lehrbuchmäßig in der Liegestützposition in den Hang, nur um auf einer darunterliegenden Eisschicht dann doch wegzurutschen. Der Packsack, den ich reflexartig festgehalten habe wird mir aus den Händen gerissen. Ich wirbele durch die Luft und drehe mich unkontrolliert. Ich bemerke, wie sich um mich herum eine Lawine löst. Wie eine Schildkröte auf dem Rücken, schieße ich auf meinem 100-Liter-Rucksack den Berg hinunter. Mei-

5. Dunkelste Nacht

ne Stirnlampe leuchtet die an mir vorbeirasenden Felsblöcke an. Ich habe jegliche Kontrolle verloren. Plötzlich verschwindet mein Lichtkegel im Nichts. Oh nein, da kommt eine Klippe! Ich versuche nicht einmal mehr, irgendetwas zu unternehmen. Still bereite ich mich darauf vor, was nun unweigerlich geschehen muss. Jede Faser in meinem Körper spannt sich an, bereitet sich auf den Aufprall vor. Ich hole noch einmal Luft. Dann löst sich mein Körper vom Boden wie der Waggon einer mörderischen Achterbahn im Moment maximaler Beschleunigung und ich rechne damit, gleich irgendwo aufzuklatschen. Aber weder höre ich Knochen zersplittern noch Gewebe zerreißen. Ich spüre auch keine Kopfverletzung, an der ich langsam krepieren werde. Stattdessen macht es nur sacht »Plopp«. Ich lande in einem Pool aus Pulverschnee, den die Lawine, an deren oberen Ende ich geschwommen bin, aufgeschüttet hat. Ich stehe unter Schock. Der rote Packsack guckt unschuldig aus dem Schnee heraus. In Gedanken beginne ich ihn wüst zu beleidigen und ziehe ihn noch fünf Meter weit hinter mir her – dabei stoße ich auf den Weg. Hahaha, es war eine verdammte Abkürzung. Ich beschimpfe den Packsack noch ein bisschen, lasse ihn dann aber liegen: »Dich, mein Freund, hole ich morgen«. Das Einzige, woran ich jetzt noch denken kann, ist die Cola, die ich im Base Camp gelassen habe. Sie ruft ganz laut nach mir. Sie lässt mich weiterlaufen. Ich stelle mir vor, wie ich sie öffne und die Kohlensäure zischt, wie sie süßlich nach Zitrone riecht. Meine Gedanken kreisen nur um diese Cola. Als ich sie schließlich unter den Steinen hervorgrabe, ist sie glücklicherweise nur halb gefroren. Das ist der glücklichste Moment der ganzen Expedition. Endlich bin ich angekommen. Ich hab's so gut wie geschafft.

Am folgenden Tag hole ich den Packsack und setze eine SMS ab: »Expedition abgebrochen, möchte schon nach 21 Tagen abgeholt werden.« Gerechnet hatte ich eigentlich mit vier Wochen, wobei ich mir kein festes Datum gesetzt hatte. Ich wollte mich keinem Zeitdruck aussetzen, sondern mich optimal an die Gegebenheiten anpassen. Die Antwort kommt prompt: »Der Jeep ist nicht verfügbar, wir schicken einen Bus.« Einen Bus?! Wie soll der hierherkommen? Es gilt Flüsse zu durchqueren und steile Schotterpisten zu bewältigen. Jetzt mache ich mir doch etwas Sorgen. Anscheinend ist noch nicht alles durchgestanden. Der Bus soll am Nachmittag des folgenden Tages eintreffen. Ich stehe bereit, aber auch als es schon zu dämmern beginnt, ist von dem Abholtrupp immer noch nichts zu sehen. Bevor ich hier gelangweilt rumstehe, beschließe ich, die vier Gepäckstücke, in denen ich meine Ausrüstung verstaut habe, weiter nach unten zu tragen. Abwechselnd nehme ich zuerst den 100-Liter-Rucksack und meine Skier, dann den zweiten 100-Liter-Packsack und meinen kleinen Rucksack. Ich zähle vierhundert Schritte, dann laufe ich zurück, um den Rest zu holen und damit zweihundert Schritte an den anderen Gepäckstücken vorbeizulaufen. Das Zählen der Schritte motiviert mich und gibt der langen Strecke etwas Messbares. Ich laufe und laufe und schließlich sehe ich ein Licht in der Ferne. Das müssen sie sein! Ich lasse mein Gepäck einfach liegen und renne auf das Licht zu. Dann erspähe ich endlich den Kleinbus! Sofort durchströmt mich ein Gefühl, als ob ich bereits zu Hause angekommen wäre. Endlich bin ich nicht mehr allein. Ich schalte meine Lampe an und zeige ihnen somit an, wo ich mich befinde. Doch noch bevor sie mich erreichen, fährt sich der Bus in einem Flussbett fest, das aus halb gefrorenem Matsch besteht.

5. Dunkelste Nacht

Ich eile hin und mit vereinten Kräften befreien wir das Fahrzeug aus seiner misslichen Lage. Endlich im Bus sitzend, fällt alle Anspannung von mir ab. Der Schmutz und die Erlebnisse der vergangenen Tage sind zu einem Teil von mir geworden. Sie haben mich abgehärtet. Nicht, dass ich dadurch erwachsener oder reifer geworden wäre. Ich habe mich gut vorbereitet und alles akribisch geplant, doch in meiner Naivität glaube ich immer noch, dass ich gar nicht sterben kann. Ich bin mir sicher, ich werde auch weiterhin Dummheiten anstellen. Die Antworten, nach denen ich gesucht habe, habe ich nicht gefunden. Aber ich weiß jetzt viel mehr zu schätzen, was ich habe – und allein das bedeutet Glück für mich.

Besonderheit: 1 kranker Kamerad
Zeit: Juli 2012
Alter: 19 Jahre
Ort: Berchtesgaden

6. Zerplatzte Träume

Das Brummen des Motors stoppt abrupt. Ich schrecke aus meinem Tagtraum hoch. Die schwere Tür des Hägglund-Panzerfahrzeugs öffnet sich und alle springen hinaus. Wir befinden uns am Hintersee in Berchtesgaden in den östlichen Alpen, genau genommen am Parkplatz Seeklause. Ein Name, der sich tief in mein Gedächtnis eingebrannt hat. Als einer von 16 Rekruten trete ich vor dem Hauptfeldwebel und dem Heeresbergführer an. Vor uns liegen die Rucksäcke, die wir nach einer peniblen Packliste befüllen und auf genau 18 Kilo abwiegen mussten. Danach geht es los und die Aufnahmeprüfung des Hochgebirgsjägerzuges der Bundeswehr beginnt. Vor wenigen Tagen bin ich 19 Jahre alt geworden. Zur Aufnahmeprüfung habe ich mich freiwillig gemeldet. Erhofft hatte ich mir einen großen Abenteuerspielplatz und stellte mir vor, dass ich nebenbei noch trainieren könnte – und dabei sogar noch Geld verdienen würde.

Das klang wie ein Traum. Und tatsächlich kamen die ersten drei Monate Grundausbildung diesem Traum sehr nah.

Um bei den Gebirgsjägern angenommen zu werden, braucht man die höchste Tauglichkeitsbescheinigung. Unsere Gruppe ist dennoch bunt gemischt. Wie in jedem amerikanischen Militärfilm gibt es einen Dicken. Zu unser aller Leid gehört er aber auch zu den Größten in der Gruppe, was bedeutet, dass er in der ersten Reihe marschiert. Und so wie im Film stellt er sich ebenfalls gern ungeschickt an und kommt beim Marschieren regelmäßig aus dem Takt, sodass alle, die hinter ihm sind, aus dem Gleichschritt kommen. Ein anderer Spaßvogel zündet eine Übungsgranate im Geschäftszimmer des Hauptmanns. Das Büro wird ganz schön in Mitleidenschaft gezogen. Der Erklärung, es habe sich dabei um ein Versehen gehandelt, wird kein Glaube geschenkt. Es handelte sich um eine Stabgranate, bei der man erst den Griff aufschrauben und dann an einer Schnur reißen muss. Der Kamerad muss uns vorzeitig verlassen. Mich beruhigt, dass es auch ein paar Langsame im Team gibt. Sie stoßen bei den Bergtouren schnell an ihre Grenzen. Zur Aufnahmeprüfung sind sie nicht zugelassen. Bei dieser treten nur diejenigen an, die sich in den vergangenen Wochen bei Bergmärschen mit Bewaffnung und schwerem Gepäck qualifiziert haben.

Unsere Aufgabe ist simpel: Rucksack schultern und zu unserem Ziel, der Blaueishütte, aufsteigen, die auf 1651 Metern liegt. Jeder, der die Distanz von etwa fünf Kilometern und 800 Höhenmetern unter einer Stunde und 15 Minuten schafft, ist im Team. Marc, der Profisportler ist und in einer deutschen National-

6. Zerplatzte Träume

mannschaft spielt, setzt sich sofort an die Spitze ab und gibt das Tempo vor. Ich hefte mich dicht an seine Fersen. Wir lösen uns von der Gruppe und führen einen einsamen, stillen Zweikampf. Auch wenn es physisch so aussieht, als ob ich mit ihm mithalten könnte, bin ich emotional bald am Ende. Als man uns nicht sehen kann, frage ich ihn, ob wir nicht zusammen eine Minute Rast machen wollen, um uns zu erholen – jeder bleibt dort stehen, wo er gerade ist, schlage ich vor. Marc schüttelt nur den Kopf, lacht kurz und geht weiter. Hier geht es nicht um Kameradschaft. Hier kämpft jeder für sich allein. Ich weiß, dass ich den Anschluss an ihn nicht verlieren darf. Er hat ein verdammt gutes Tempo drauf. Der einzige Grund, der mich am Laufen hält und dieses unvorstellbare Leiden durchhalten lässt, ist die Vorstellung, was mir der Hochgebirgsjägerzug ermöglichen kann. Diese Elitetruppe fungiert nicht nur als Einsatzgruppe und Bergrettung. Sie sind die Sherpas der Gebirgsjäger. Sie sind diejenigen, die richtig klettern, vorab das Gelände sichern und Seile verlegen. Es ist eine der besten alpinen Ausbildungen, die man in Deutschland bekommen kann. Ich stelle mir ein Hochlager meiner eigenen Achttausender-Expedition vor. Ich bin davon überzeugt, dass mir der Hochgebirgsjägerzug den Weg dorthin bereiten und mich diese Quälerei meinem Traum ein Stück näherbringen wird. Ich beiße die Zähne zusammen. Ich bete mir vor, dass dies alles sei, was ich will. Ich fokussiere mich auf dieses große Ziel, ignoriere den Schmerz und halte das Tempo.

Nach einer Stunde und zwölf Minuten komme ich als Zweiter oben an. Auf einem Wanderschild, das unten am Parkplatz gestanden hatte, war die Zeit mit drei Stunden angegeben gewesen. Erschöpft und erleichtert nehme ich einen Schluck Wasser. Nach und nach trudelt der Rest der Truppe ein. Es bleibt keine Zeit, um durchzuzählen. Der Heeresbergführer kommt auf uns zu: »Sehr gut, Männer, jetzt müssen Sie nichts weiter tun, als mir zu folgen.« Im nächsten Moment schießt er wie ein Pfeil davon. Er beginnt zu joggen, schneller und schneller. Er biegt ab und läuft über einen kleinen steilen Pfad nach unten. Wir folgen, so schnell es mit unseren klobigen 18 Kilo schweren Rucksäcken möglich ist. Er dreht sich nicht einmal um, stumm sprintet er davon. Wir hinterher. Irgendwann verschwindet er aus meinem Blickfeld. Ich rutsche auf einer Wurzel aus, klatsche auf den Boden, springe aber sofort wieder hoch. Nur nicht den Anschluss verlieren. Ich nehme den Schmerz, der durch meinen Körper schießt, nicht einmal mehr wahr. Im Vergleich zu den Laufstrapazen ist so eine Prellung ein Kinkerlitzchen. Alles verengt sich zu einem Tunnelblick. Ich denke an nichts mehr. Nur weiter. Eine halbe Stunde später stehe ich wieder unten am Parkplatz. Auf dem Weg zurück in die Kaserne ist niemandem nach reden zumute. Stumm betreten wir die dortige Kletterhalle. Die Aufgabe: eine kinderleichte Route an einer Wand hinaufklettern und sich aus zehn Meter Höhe abseilen. Das ist wie spielen am Klettergerüst im Kindergarten. Wahrscheinlich soll so überprüft werden, ob wir schwindelfrei sind. Ich trinke viel, fülle aber schön brav meine Flaschen wieder auf, damit die vorschriftsmäßigen 18 Kilo nicht unterschritten werden. Schließlich müssen wir wieder in dasselbe Panzerfahrzeug steigen, doch dieses Mal sind die Scheiben verdunkelt. Die Tür geht ein weiteres Mal zu und wird verriegelt. Das Brummen des Motors und das Vibrieren der Ketten tragen uns fort. Wohin, weiß keiner von uns, wir

6. Zerplatzte Träume

vermuten, dass sie uns irgendwo in der Wildnis aussetzen und wir uns den Weg zurück alleine erkämpfen müssen. Weit gefehlt. Die Tür geht auf und wir sind wieder am Parkplatz Seeklause am Hintersee. Ich könnte kotzen. Müde steigen wir aus, der übliche Befehlston reißt mich aus meinen Mordgedanken: »Gepäcke werden nicht mehr verzurrt, Marschbereitschaft herstellen!« Nicht mehr alle Rucksäcke sind ordentlich verpackt. Aber das interessiert niemanden. Verdammt, hätte ich das Wasser nicht nachgefüllt, dann wäre mein Rucksack jetzt zwei Kilo leichter. Es gibt kein wirkliches Antreten. Wir gehen mehr oder weniger direkt zum Joggen über. Ja, wir nehmen noch einmal die fünf Kilometer und 800 Höhenmeter in Angriff, die wir bereits am Morgen unter schlimmsten Qualen hochgeschnauft sind. Mit dem schweren Gepäck, der unbequemen Uniform und dem steilen Anstieg unter meinen Füßen bin ich schnell am Limit. Jeder Schritt und jeder Atemzug werden zur Qual. Ich weiß genau, dass ich es nicht mehr lange schaffen werde. Ein paar Mitstreiter geben dem Schmerz nach und bleiben zurück. In dieser Geschwindigkeit wird es mir unmöglich sein, die Blaueishütte zu erreichen. Ich hasse diesen Zwang. Allein in den Bergen unterwegs zu sein, bedeutet für mich, dass ich mein Tempo meiner Tagesverfassung anpasse und nur dann raste, wann ich es für nötig halte. Und ich kenne mein Ziel. Hier wird einem nichts gesagt. Es ist Stress pur. Ich bin kurz davor, mich auf den Boden zu schmeißen und so lange liegen zu bleiben, bis mich irgendjemand fortträgt. Diese Schmach bleibt mir Gott sei Dank erspart. Wir halten an. Von hier aus haben wir den besten Blick auf den Hintersee. »Die Landschaft kann mich mal«, denke ich nur. Der kleine, drahtige Heeresbergführer stellt sich auf einen Baumstamm und hält eine Rede: »Der Hochgebirgsjägerzug kann sich durchaus mit amerikanischen Spezialeinheiten vergleichen. Ich möchte, dass Sie ihr Bestes geben. Ab jetzt gibt es keine Kameradschaft mehr, jeder ist auf sich alleine gestellt.« Mit diesen Worten entlässt er uns auf die restlichen 600 Höhenmeter. Mir kommt es zwar immer noch so vor, als ob ich gleich zusammenbrechen würde, aber losgelöst von der Gruppe bin ich leistungsfähiger. Das Ganze vermittelt mir eine gewisse Freiheit, durch die ich wieder zu einem angemessenen Tempo gelangen kann. Wie beim ersten Mal hefte ich mich an die Fersen von Marc.

Ich sehe, wie sich einige meiner Kameraden mit letzter Kraft den Berg hochschleppen. Sie sind weit über ihr persönliches Limit hinausgegangen. Auch ich habe die Grenzen des mir Möglichen längst überschritten. Um voranzukommen, spule ich meinen gewohnten Satz ab: »Das ist alles, was du willst, dafür lohnt es sich zu kämpfen.« Dieses Mantra wiederhole ich immer und immer wieder. Der Glaube daran gibt mir die Kraft, den Schmerz ertragen zu können. Ich sehe mich steile Hänge hochklettern, luftige Grate bezwingen und überwältigende Ausblicke von Gipfeln erleben. All das wird in Erfüllung gehen, wenn ich das hier überstehe. Ich hinterfrage nichts, sonst verpufft der Zauber. Meine Selbsttäuschung verfehlt ihr Ziel nicht. Ich komme voran. Ich renne quasi in Todesangst vor einem imaginierten Tiger davon. Noch bevor er über mich herfallen und mich zerfleischen kann – ich bin kurz davor, umzufallen – treffen Marc und ich auf den Heeresbergführer, der etwa 200 Höhenmeter unterhalb des Ziels auf uns wartet. Da begreife ich, dass die Tortur vorbei ist. Ich habe es geschafft! Mein Körper schüttet sintflutartig Glückshormone und Schmerzmittel

6. Zerplatzte Träume

aus. Ich bin high und kann ein breites Grinsen nicht unterdrücken. Zwei weitere Kameraden tauchen auf, es haben also vier von uns bestanden. »Nicht ganz«, verrät uns der Heeresbergführer, »das eigentliche Ziel war die Kurve, die Sie da unten passiert haben. Ich wollte einfach nur wissen, wie viel Sie wirklich zu geben bereit sind!« Am Ende sind es also mit mir fünf Kameraden, die es in den Hochzug geschafft haben. Tags darauf ziehen wir in den Bereich unserer neuen Einheit. Hier haben Soldaten anderer Einheiten keinen Zutritt. Unser Rangabzeichen ist von nun an weiß und nicht mehr schwarz. Jeder kann sehen, dass wir dem Hochzug angehören. Ich bin sehr stolz darauf. Und so fühlt es sich auch an – zumindest in den Momenten, in denen wir nicht gerade unzählige Höhenmeter fressen oder an einem regnerischen Freitagnachmittag durch den Schlamm der Hindernisbahn kriechen. Jetzt sollte eigentlich von Ehre und Stärke die Rede sein. Davon, welche Abenteuer wir zusammen durchgestanden haben. Aber wie so oft, kommt es auch in diesem Fall anders, als man denkt.

Es ist ein normaler Trainingstag im Hochzug. Wir gehen auch an diesem Morgen joggen, und natürlich weiß niemand außer dem respekteinflößenden Heeresbergführer, wohin es geht. Wir laufen durch den Wald. Wir biegen links ab. Wir quälen uns einen steilen Hang hoch. Kämpfen uns durch wegloses Gelände. Wir joggen immer weiter hinauf. Wir erreichen einen kleinen Berggipfel. Wir laufen so lange, bis einer meiner Kameraden anfängt, schlappzumachen. Er bekommt einen persönlichen »Motivator« zur Seite gestellt. Auf dem Weg zurück in die Kaserne beginnt er auf einmal wirres Zeug zu reden. Er wirft alle militärischen Regeln über Bord und quatscht den Heeresbergführer von der Seite an. Noch während wir das burgartige Kasernentor durchschreiten, entwickelt er plötzlich ungeahnte Kräfte und sprintet davon. 15 Meter weiter klatscht er bewusstlos auf die Straße. Er zittert, ist nicht mehr bei sich. Sanitäter kommen, schneiden sein T-Shirt auf und setzen Elektroden an. Während wir duschen, wandert er auf die Intensivstation, wo er drei Tage bleiben muss. Mir geht die Situation sehr nahe. Auch ich war am Limit. Mir hätte dasselbe passieren können. Ich bringe ihm Klamotten auf die Station. Nachdem ich ihn im Krankenhaus besucht habe, bin ich wie ausgewechselt. Er ist in all der Zeit zu einem meiner engeren Freunde geworden und nun erkenne ich ihn kaum wieder. Er wirkt verändert. Ich fühle mich auf einmal wie eine bedeutungslose Nummer. J030892K53084 – das bin ich. Sie quetschen alles aus mir raus, was möglich ist. Aber ist der Preis dafür nicht zu hoch, was ist mit mir? Wenn das so weitergeht, ist wahrscheinlich in zwei Jahren nichts mehr von mir übrig. Spätfolgen? Interessiert keinen. In den darauffolgenden Tagen denke ich viel nach. Bergsteigen auf Befehl ist kein Bergsteigen, wird mir schnell klar. Es geht hier nicht um die Berge. Nicht darum, sich zu spüren und eins mit der Natur zu werden. Es geht hier allein um Gehorsam und Drill. Ich weiß nie, was als Nächstes passiert. Ich kann nicht vernünftig trainieren, weil es sein kann, dass wir plötzlich irgendeine sinnlose und unproduktive Aufgabe bewältigen müssen. Ich beginne mich zunehmend unwohl zu fühlen und entwickele eine regelrechte Angst davor, den Anforderungen nicht standhalten zu können und bei den unbekannten Herausforderungen zu versagen. Ich bin unglücklich. Und ich weiß, dass es Mut bedarf, um aus dieser Spirale auszubrechen. Es bedarf weitaus mehr Mut, als tagtäglich nur stur den Be-

6. Zerplatzte Träume

fehlen zu folgen und weiterzumarschieren. Beim Antreten am nächsten Morgen gebe ich bekannt, dass ich den Hauptfeldwebel unter vier Augen sprechen möchte. Der sonst so autoritäre Mann, der mir manchmal wie eine Maschine vorkam, wirkt zum ersten Mal verunsichert. Ich kündige. Das kennt er nicht, das hat es in seiner Einheit noch nie gegeben.

Besonderheit: 1 Berg namens Yoko
Zeit: Winter 2013/2014
Alter: 21 Jahre
Ort: Arslanbob / Kirgisistan

7. Das größte Geschenk

Es ist bereits Mitternacht, als ich aufwache, und der schwache Schein einer Straßenlaterne erhellt mein Zimmer. Es liegt zwar kein Schnee, aber der Wind pfeift kalt durch die leeren Straßen von Osch. Der Winter ist angebrochen. Bei Oksana bin ich erst einmal wieder in einem sicheren und warmen Zuhause. Oksana habe ich über Couchsurfing.org kennengelernt. Auf diesem Webportal kann man einen Schlafplatz anbieten oder nach einem suchen. Die Suchmaschine spuckt jede weltweit verfügbare Couch aus, auf der man unterkommen kann. Für mich hat sich diese Art zu reisen als ideal herausgestellt. Egal wo ich hinkomme, ich werde gleich integriert, lerne die Freunde meiner Gastgeber kennen und gelange an Orte, die mir sonst verwehrt bleiben würden.

Nachdem mein Versuch, den Pik Lenin zu besteigen, gescheitert war, hatte ich eigentlich geplant, weiter in den indischen Himalaya zu ziehen. Aber inzwischen habe ich mich so gut eingelebt, dass ich mich dazu entschlossen habe, den Winter in Osch zu verbringen. Natürlich kann ich nicht die ganzen Monate nicht auf Oksanas Couch herumlümmeln und nichts tun. Die Lösung findet sich auf einer Party in der Bar des Roten Kreuzes. Ja, das Rote Kreuz unterhält eine eigene Bar in Osch. Jeden Freitag kommen die *Citizens of the World* zusammen. Menschen, die keinen dauerhaften Wohnsitz haben und die für Nichtregierungsorganisationen, zum Beispiel UNICEF, mal ein Jahr hier, mal ein Jahr dort leben. Eingeladen hat mich Oksana, die für eine Organisation arbeitet, die unter anderem Kredite vergibt, um Kleinunternehmen zu helfen. In dieser Bar höre ich auch zum ersten Mal von einem Bergdorf, das Skitouren anbietet. Noch am selben Abend lerne ich Yoko, eine 28-jährige Japanerin, kennen. Da es in Osch immer wieder zu Entführungen kommt, biete ich ihr an, sie nach Hause zu begleiten. An der Türschwelle fragt sie mich frech, ob ich nicht noch einen Porno mit ihr schauen möchte. Ich lehne dankend ab und verabschiede mich von ihr. Damit hat sie nicht gerechnet. Trotzdem bin ich sofort von ihr fasziniert. Wer hätte in diesem Moment ahnen können, dass daraus einmal eine feste Beziehung entstehen würde.

Bereits zehn Tage später ziehe ich bei ihr ein. Yoko ist eine unglaublich starke Persönlichkeit, die sich sehr für das einsetzt, was ihr am Herzen liegt. Ihre Eigenständigkeit und ihre Leidenschaft, für Sachen zu kämpfen, imponiert mir, aber eigentlich könnten wir gegensätzlicher nicht sein. Und so ist es vorprogrammiert, dass bald die ersten Probleme auftreten. Yoko verdient als Leiterin der Frauenrechtsabteilung der UNO recht gut, während ich als Klettervagabund durch die Gegend

7. Das größte Geschenk

ziehe und nicht viel brauche, um glücklich zu sein. Wir haben unterschiedliche finanzielle Ansprüche, was Yoko auszugleichen versucht. Dadurch baut sie mir aber unbewusst ein Gefängnis. Sie hebt mich auf den Lebensstandard, den sie für angemessen hält und trifft durch ihre finanzielle Überlegenheit auch alle Entscheidungen. Dabei will ich doch nur auf die Art leben, wie ich es gewohnt bin. Ich brauche keine teuren Restaurants, um zufrieden zu sein. Für so etwas Unbedeutendes Geld auszugeben, ergibt für mich einfach keinen Sinn.

Hayat, den ich über einen gemeinsamen Freund kennengelernt habe und der in der Region lebt, in die ich reisen möchte, sendet mir eine SMS. Mit dem Wetterbericht will er mir sagen: »Wir haben Schnee, komm vorbei zum Skitouren-Gehen.« Gleichzeitig stellt sein Angebot eine Fluchtmöglichkeit für mich dar. Eine Flucht vor den immer größer werdenden Problemen mit Yoko. Hayat wohnt in Arslanbob, einem Bergdorf in der Fergana Range, einem Ausläufer des Tien-Shan-Gebirges. Es ist nicht nur inmitten des größten zusammenhängenden Walnussbaumwaldes der Erde gelegen, sondern auch nur vier Autostunden von Osch entfernt. Natürlich kann ich seinem Angebot, ein paar Touren mit ihm zu gehen, nicht widerstehen. Vor Ort wird mir sofort das riesige Potenzial dieser einzigartigen Gegend bewusst. Der Wald ist nicht zu dicht bewachsen, sodass man leicht mit Skiern durch ihn hindurch abfahren kann, und die Berge sind sehr nah. Hayat erklärt mir, dass die Menschen in diesem Gebiet nur von der Landwirtschaft leben, weshalb der Großteil von ihnen im Winter arbeitslos sei. Im Sommer kämen – wie schon zu Sowjet-Zeiten – viele russische Touristen hierher, um sich zum einen den Walnussbaumwald und zum anderen die zwei schönen Wasserfälle anzuschauen. Außerdem gäbe es noch Hunderte von Trekkingrouten, die sich ebenfalls größter Beliebtheit erfreuten. Aber im Winter kämen keine Touristen und dadurch fehlten natürlich die Einnahmen. Dazu muss man wissen, dass Hayat CBT Arslanbob leitet. CBT steht für Community-Based Tourism. Das kleine Büro liegt in der Stadtmitte. Hayat und seine Kollegen vermitteln Übernachtungsmöglichkeiten und Guides für Trekking- oder Pferdetouren. Bei einer erfolgreichen Vermittlung gehen 90 Prozent direkt an den Dienstleister. Das sorgt für eine gerechte Verteilung der Einnahmen innerhalb der Gemeinschaft, was mich sehr beeindruckt. Gelänge es, den Wintertourismus ein wenig auszubauen, wäre einem großen Teil des Dorfes geholfen. Nach einer weiteren gemeinsamen Skitour kommt mir die zündende Idee: Wie wäre es, ein Skitourenrennen zu organisieren? Das würde für Aufmerksamkeit sorgen. In Afghanistan gibt es bereits die »Afghan Ski Challenge«, die mittlerweile auch international größere Bekanntheit genießt. Ich hatte selbst schon überlegt, daran teilzunehmen, konnte es aber mit meinem Budget nicht vereinbaren, hierfür eigens Securitys anzuheuern. Hinzu kam die instabile politische Lage. In Kirgisistan verhält es sich anders. Hier ist mit keinen Anschlägen zu rechnen. Hayat findet die Idee toll. Er selbst habe schon mal über so etwas nachgedacht, den Plan aber nie realisieren können. Damit steht fest, womit ich den Winter verbringen werde: Ich werde ein Skitourenrennen in Arslanbob organisieren.

Kurze Zeit später ziehe ich bei Yoko aus. Ich verspreche ihr, jedes zweite Wochenende vorbeizuschauen. Offiziell läuft die Organisation des Skitourenrennens über Latshin, einem älte-

7. Das größte Geschenk

ren Freund von Hayat. Dass so ein dahergelaufener Milchbubi wie ich so etwas hier organisieren kann, ist für viele Einheimische nicht vorstellbar. Mir kann das nur recht sein, immerhin trägt Latshin damit auch die Verantwortung für das Ganze. Außerdem spricht er Usbekisch, was in diesem Teil Kirgisistans essenziell ist. Nach dem Zerfall der Sowjetunion wollte man die Republik Kirgisistan gründen. Da die Population aber nicht für einen eigenen Staat reichte, beanspruchte man kurzerhand ein Stück von Usbekistan. Das sorgte für viel Chaos und führte auch zu Sprachschwierigkeiten unter den beiden Völkern. Arslanbob ist eines dieser usbekischen Dörfer, die seit der Verlegung der Grenze zu Kirgisistan gehören. Hier spricht man Usbekisch, eine Sprache, die sich vom Kirgisischen deutlich unterscheidet. Weitere Unterschiede kann ich allerdings nicht feststellen. Ich fühle mich hier genauso wohl wie in anderen Teilen des Landes.

Die Organisation des Skitourenrennens ist anstrengend und beansprucht viel Zeit, doch der Aufwand lohnt sich. Auf meine Anregung hin hat Latshin mittlerweile sogar einen Laptop gekauft. Obwohl er anfangs wenig von diesem Investment überzeugt war, macht er dank des Computers bald ein gutes Nebengeschäft mit selbstgebrannten Musik-CDs. Außer ihm weiß ich nur von zwei Menschen, die hier einen Computer besitzen. Wir können ein paar lokale Sponsoren für unser Vorhaben gewinnen und sogar der Bürgermeister macht nach einem Treffen noch etwas Geld locker. Wir suchen ganz Arslanbob ab und kramen uralte Skiausrüstungen aus diversen Schuppen hervor. Immerhin dürfte das Ganze reichen, um gut 15 Teilnehmer auszustatten.

Als Yoko bei einem meiner Besuche verkündet, dass sie die Weihnachtszeit mit einer Freundin in Marokko verbringen will, kommt die Gelegenheit, auf die ich die ganze Zeit gewartet habe. Ich kann mir endlich die Berge, die an Arslanbob grenzen, aus der Nähe ansehen. Einige sind noch unbestiegen, was ihre Anziehungskraft auf mich noch verstärkt – und mich auf eine weitere Idee bringt. Endlich werde ich wieder für ein paar Tage in den Bergen unterwegs sein. Am Abend des 24. Dezembers liege ich allein in meinem Zelt. Während schubweise Schnee von der Felswand auf mein Zelt donnert, schweifen meine Gedanken ab. Meine Liebsten in Deutschland werden wohl alle versammelt sein, ein Geschenk nach dem anderen unter dem Baum hervorziehen, Weihnachtslieder singen, warmen Tee trinken, köstlich schmausen ... Stopp! Mich diesen Gedanken hinzugeben, zerstört meine Motivation. Ich nehme mein Satellitentelefon und tippe eine Weihnachts-SMS. Das hilft mir, um auf andere Gedanken zu kommen und mich wieder auf die Besteigung zu konzentrieren. Um 3 Uhr reißt mich mein Wecker aus dem Schlaf. Pflichtbewusst und diszipliniert stehe ich auf. Ich weiß, wofür ich heute kämpfe. Ich ziehe in die Schlacht. Ich plane eine Überraschung für Yoko.

Mein Zelt hatte ich auf einer Höhe von 3000 Metern aufgebaut. Wie weit es noch bis zum Gipfel ist weiß ich nicht, aber ich schätze mindestens 1000 Höhenmeter. Die Stunden verfliegen, während ich zuerst eine steile Rinne und danach einen Grat erklimme. Ich bin hochkonzentriert und versuche das Gelände richtig zu lesen, was nicht immer einfach ist. Eine falsche Entscheidung könnte mich in eine Sackgasse führen. Und da dieser Berg vollkommen unberührt ist, gibt es auch keine Anhaltspunkte, an denen ich mich orientieren könnte. Instinktiv suche ich in dem steilen Gelände nach dem leichtesten und sichersten Weg. Meine Skier habe ich inzwischen an einem gut sichtbaren Punkt deponiert, die werde ich erst wieder für den Abstieg benötigen. Es wird langsam dunkel. Ich bin, wie so oft, zu langsam. Aufzugeben kommt für mich nicht in Frage. Wie ein Soldat seinen Befehl nicht hinterfragt, so hinterfrage ich nicht meine Mission. Ich habe mich so darauf versteift, diesen Berg erklimmen zu wollen, dass es mir egal ist, wie spät es wird. Es ist ja maximal ein Viertausender. Nun wird das Gelände allerdings immer steiler, und ich muss mich der Tatsache stellen, dass mein ursprünglich geplantes Ziel nicht realisierbar ist. Es würde mich bestimmt einen Tag extra kosten, um den anvisierten Gipfel zu erreichen. Diese Zeit habe ich nicht. Morgen ist bereits der zweite Weihnachtsfeiertag, und ich habe mir diesen Tag als Deadline für meine Überraschung gesetzt. Erschwerend kommt noch hinzu, dass ich nur einen leichten Rucksack und keinen Schlafsack dabeihabe. Ich sehe links einen etwas kleineren Gipfel in den Himmel ragen und ändere meine Richtung. Mit meinen Handschuhen habe ich nicht genügend Gefühl in den Fingern, deshalb klettere ich mithilfe meiner Eisgeräte den steiler werdenden Fels hoch. Wahrscheinlich gibt es eine einfachere Route, aber in der Dunkelheit lande ich an einer leicht überhängenden Stelle. Mit Mühe und Not ziehe ich mich hoch. Bei dem Gedanken daran, diese Ausbuchtung auch wieder abklettern zu müssen, schüttelt es mich. Ich weiß nicht warum, aber ich kann in solchen Momenten nicht einfach umdrehen. Aufzuhören, ohne etwas erreicht zu haben, käme mir wie eine Niederlage vor. Plötzlich registriere ich, dass der Strahl meiner Stirnlampe nur noch ins Leere scheint. Das kann nur eines bedeuten: Ich habe es geschafft! Ich stehe als erster Mensch auf dem Gipfel des »Pik Yoko«. Mein GPS zeigt mir eine Höhe von 4048 Metern an, also doch ein Viertausender. Ob sich seither noch jemand in das Gipfelbuch eingetragen hat, das ich zum Schutz in einer Milchkanne knapp unterhalb der höchsten Stelle zurückgelassen habe, konnte ich leider noch nicht überprüfen.

Ich kann es kaum erwarten, Yoko ihr Weihnachtsgeschenk zu überbringen. Ich werde einen Berg nach ihr benennen lassen. Der Gedanke daran, dass ich der Erste bin, der diesen Gipfel erklommen hat, und der Vorfreude, Yokos überraschtes Gesicht zu sehen, wenn ich ihr das Geschenk überreiche, beflügeln mich und ich laufe die ganze Nacht durch. Um mich selbst ein wenig auszutricksen, teile ich mir die Strecke zurück ins Tal gedanklich in viele kleine Zwischenziele ein, die mir das Gefühl geben, schneller voranzukommen. Der Überhang, die steile Rinne, das Skidepot, mein Zeltplatz, der große Felsen, den ich im Aufstieg gesehen habe, der alte Baum, die Brücke, die Straße, die Kurve ... dann bin ich endlich wieder im Dorf. Dass ich kaum noch gehen kann, stört mich nicht weiter. Ich stürme zu Latshins Computer und versende stolz meine Gipfelfotos: »Kann es ein größeres Weihnachtsgeschenk als einen Berg geben?« Dann schlafe ich vor Erschöpfung ein.

Das Telefongespräch mit Yoko in den Morgenstunden fällt nicht so aus, wie ich es mir in meinen Gedanken ausgemalt hatte. Sie freut sich nicht über ihr Weihnachtsgeschenk. Ich höre nur ein schlappes »Aha, okay«. All die Mühe, die ich investiert habe, war umsonst. Erst bin ich traurig über ihre Reaktion, dann bin ich wütend. Am Ende bin ich einfach nur ent-

7. Das größte Geschenk

täuscht. Mir wird bewusst, dass sie nicht versteht, wie viel mir dieses Geschenk bedeutet. Die offiziellen Dokumente der Gemeinde sind bereits ausgestellt, der Name des Pik Yoko steht fest, aber die Beziehung hat einen Knacks bekommen und sie wird bald auch zerbrechen. Ich glaube, dass wir einfach in zu verschiedenen Welten gelebt haben. Sie hatte sich einen traditionellen Mann gewünscht, der jeden Tag im Anzug ins Büro geht und regelmäßig Geld nach Hause bringt. Stück für Stück hatte sie versucht, mich zu ändern und an ihren Lebensstil anzupassen. Sie wollte jemanden aus mir machen, der ich nicht bin und der ich auch nicht sein wollte. Sie mochte es nicht, dass ich klettere und in die Berge gehe und immer auf Sparflamme lebe. Aber das ist keine neue Erfahrung für mich. Die Mädels denken oft erst mal: »Wow, der ist Bergsteiger, das ist ja cool!«, doch dann stellen sie fest, dass ich ihretwegen nicht mit dem Bergsteigen aufhöre, sondern weiter meiner Leidenschaft nachgehe und viel unterwegs bin. Das können viele nicht akzeptieren. Für mich ist das aber essenziell. Denn wer nicht versteht, dass genau diese Freiheit mein Leben ausmacht, der versteht mich nicht. Und wer mich nicht versteht, der hat es eben nicht leicht mit mir.

Beziehungen sind eine schwierige Balance zwischen Distanz und Nähe, zwischen dem Wunsch, sich zu öffnen und etwas nicht zu nahe an sich heranzulassen. Wenn mich jemand oder etwas verletzt, dann nehme ich diesen Schmerz mit. Er spornt mich an, besser zu werden und mich zu beweisen. Doch eigentlich bin ich ein Sklave dieser Einstellung. Wahrscheinlich leide ich auf einer gewissen Ebene einfach gerne. Wie könnte ich sonst die harten Anforderungen, denen ich mich stelle, so genießen? Ist es der Schmerz, der mich zu Höchstleistungen antreibt? Natürlich sehne ich mich nach Liebe, doch für einen anderen Menschen mit dem aufzuhören, was ich tue, kommt für mich nicht in Frage. Es wäre, als müsste ich einen Teil von mir aufgeben – und das kann ich nicht.

Nach dem Gefühlschaos der Weihnachtsfeiertage bin ich froh, dass mich das Skitourenrennen auf andere Gedanken bringt. Insgesamt nehmen fast 20 Erwachsene und ein Dutzend Kinder teil. Es sind sogar einige aus den umliegenden Dörfern gekommen. Die Kinder werden mit Pferden auf ihren Skiern den Berg hochgezogen, damit sie bei der anschließenden Abfahrt ihre Geschicklichkeit unter Beweis stellen können. Für die Erwachsenen habe ich eine 6,5 Kilometer lange Runde als Skitour ausgesucht. Wir steigen zuerst gemeinsam auf, um dann durch den offenen Walnussbaumwald wieder abzufahren. Das Rennen wird ein großer Erfolg, was aber nicht nur daran liegt, dass alle einen Riesenspaß haben. Unter den Teilnehmern sind auch ansässige Skitourenguides, die durch das viele Training mit der Umgebung und dem Gelände bestens vertraut sind. Das kommt ihrer Arbeit zugute. Gleichzeitig hat sich ihre Fahrtechnik während der Vorbereitungen verbessert. Somit ist das Rennen mehr als nur ein lustiger Tag im Schnee, es ist gewissermaßen eine Investition in die Zukunft der Menschen in Arslanbob.
Zeit: Juni 2015

8. Plan versus Realität

»Schnick, Schnack, Schnuck.« Unsere aufgeregten Stimmen werden von den Felswänden echoartig zurückgeschleudert. »Schnick, Schnack, Schnuck.« Ich ziehe den Kürzeren. Meine Kletterpartnerin Lisa darf die erste Seillänge der gigantischen Wand als Erste in Angriff nehmen. Eine wunderschöne Linie zieht sich durch den Felsen hindurch. Dieser wollen wir folgen. Lisa klettert los und beginnt die ersten Sicherungshaken im jungfräulichen Fels anzubringen. Es wird eine Erstbegehung der Route sein, die sich über mehrere Tage hinweg erstrecken wird. Ich träume schon seit über einem Jahr von diesen Wänden. Jetzt bin ich endlich wieder zurück in Arslanbob, um das Projekt in Angriff zu nehmen.

Hinter uns liegt bereits ein abenteuerlicher und ungewöhnlicher Zustieg, denn unser Gepäck mit unzähligen Bohrhaken, Karabinern, Schlaghaken und einer Bohrmaschine – und das ist nur ein Teil der Ausrüstung – musste irgendwie zum Felsen transportiert werden. Aber wie? Jetzt da ich meinen Freund Hayat wiedertreffe, hat er die Lösung. Er will uns Adidas ausleihen, seinen Esel. Wir müssen erst einmal heftig lachen: »Adidas!? Wie bist du nur auf diesen Namen gekommen?« Auf dem neuen Sattel klebte ein Adidas-Sticker, erklärt Hayat. Deshalb sei es naheliegend gewesen, ihn auch so zu nennen. Hayat gibt uns aber auch noch eine Warnung mit auf den Weg: »Passt auf, Adidas ist fauler als ein Esel.« Wenige Tage später – es ist bereits die letzte Zustiegsetappe, bevor es endlich an den Felsen geht – erklärt uns Adidas wortlos und mit ungeheurer Ruhe und Sturheit, wie die Warnung seines Besitzers zu verstehen ist. Als es nämlich steil wird, hat Adidas einfach keine Lust mehr weiterzugehen. Wir zerren und schieben, aber er bleibt stur. Erst nach langem guten Zureden – er hat sicher kein Wort verstanden – lässt er sich zum Weitergehen bewegen. Auch sonst ist das Vorankommen oft mühsam, schließlich sind wir nicht gerade Spezialisten, wenn es um Esel-Logistik geht. Und so macht unser Gepäck auch das eine oder andere Mal Bekanntschaft mit dem Boden. Als ich gerade dabei bin, wieder alles auf dem Esel zu verschnüren, kackt mir Adidas so richtig schön dünnflüssig auf den Rucksack, sodass dieser fast vollständig unter seinem Scheißhaufen verschwindet. Ich bin kurz davor zu explodieren. Dieser dämliche Esel! Aber es hilft nichts. Was passiert ist, ist passiert – mich jetzt aufzuregen, würde alles nur noch schlimmer machen.

Zur Beruhigung und Ablenkung rufe ich mir das Gespräch mit Hayat vor ein paar Tagen ins Gedächtnis zurück. Er erzählte mir, dass das Skirennen, das ich in meinem letzten Winter in

8. Plan versus Realität

Kirgisistan ins Leben gerufen habe, bereits ein zweites Mal stattgefunden hat. Das Projekt hat so gut Anklang gefunden, dass es fortan regelmäßig stattfinden soll. Die Organisation rund um das Rennen wurde sogar noch weiterentwickelt, sodass Touristen ein Gesamtpaket erwerben können, bei dem nicht nur die Übernachtung, sondern auch die Startgebühr und die Leih-Ski enthalten sind. Es macht mich unglaublich glücklich und stolz, mit welch großer Begeisterung die Menschen an diesem Projekt weitergearbeitet haben. Die Tatsache, einen Stein ins Rollen gebracht zu haben, hat den Willen in mir gestärkt, weiter helfen zu wollen. Ich hatte im Winter ein paar sehr gute Felswände ausgemacht, die ich nur allzu gerne begangen hätte. Nun bin ich mit der Mission zurück, neue Routen und Gipfel zu erschließen, darüber zu berichten und dadurch mehr Aufmerksamkeit auf Arslanbob zu lenken. Aber auch Material mitzubringen und Wissen an die lokalen Guides weiterzuvermitteln, damit sie diese Auskunft an andere Kletterer weitergeben können, ist mir ein Bedürfnis. Mein Ziel ist es, den Tourismus in dieser Region auf eine sanfte und nachhaltige Art und Weise zu unterstützen. Dafür habe ich extra ein Team zusammengestellt, um mit viel »Manpower« wiederzukommen und möglichst viel zu erreichen. Und wieder einmal kommt alles anders als geplant. Von den ursprünglichen vier Teammitgliedern sind letztlich nur zwei übrig geblieben: Lisa und ich.

Ich befinde mich mitten in der Wand, ein paar Hundert Meter über Grund. Bis jetzt ist alles gut gelaufen und wir kommen schnell voran – bis ich eine Fehlentscheidung treffe. Eigentlich hätte ich es besser wissen sollen, doch ich versuche über eine

Abkürzung, die noch dazu schöner aussieht als die Originalroute, zum nächsten Standplatz zu gelangen. Hochkonzentriert suche ich nach passenden Tritten und Griffen, als mich plötzlich ein Schrei zurück in die Realität holt. »Noch ein Meter Seil!«, hallt Lisas Stimme die Felswand hinauf. Zu spät! Ich befinde mich gerade im letzten Stück eines kleinen Überhanges und denke mir, dass der sichere Standplatz nun eigentlich gleich kommen sollte. Doch als ich mich hochdrücke und ein wenig am Seil ziehe, um die Seildehnung voll auszunutzen – Kletterseile sind ein wenig elastisch, um Stürze besser abzufangen –, kann ich noch immer keinen Standplatz ausmachen. Ich brülle hinunter, dass ich die Sicherungshaken, die wir hier bereits eingebohrt haben, nicht sehen kann. Ich bin ein bisschen verzweifelt und Lisas Antwort ist knapp und simpel: »Dann klettere rückwärts ab!« Rückwärts abklettern?! »Wenn sie das hier sehen könnte«, schimpfe ich leise vor mich hin, als ich den Rückzug antrete und mich durch den Überhang abhangele. Zum Glück habe ich die letzten Meter keine mobilen Klemmgeräte in die Felsspalten gelegt, sonst müsste ich diese jetzt auch noch entfernen, weil sie mir sonst das Seil beim Abklettern nicht freigeben würden. Doch plötzlich finden meine Füße keinen Halt mehr. Da hänge ich nun an meinen ausgestreckten Armen und beginne fieberhaft zu überlegen, was ich tun kann, um mich aus dieser misslichen Situation zu befreien. Viel Zeit bleibt mir nicht, lange werde ich diese Position nicht halten können. Soll ich doch noch auf die Originalroute ausweichen? Zum Abklettern wäre sie allerdings viel zu schwer. Es gibt keine andere Möglichkeit, ich muss denselben Weg zurück, den ich hochgekommen bin. Meine letzte Sicherung ist etwa sieben Meter unter mir. Die Überschlagsrechnung läuft auto-

Der Reiz am Sportklettern liegt für mich nicht nur in vielseitigen körperlich und geistig fordernden Bewegungen, sondern auch in der Nähe zur Natur. Am liebsten habe ich es möglichst ausgesetzt, so wie hier am Teufelstisch in der Pfalz.

Mit der Geburt meiner Drillingsschwestern Sara, Lea und Ester werden wir auf einen Schlag zu einer großen Familie. Meine Eltern Falk und Iris (links) haben alle Hände voll zu tun und suchen sich schnell Verstärkung, Ginta (rechts) ist unser zweites Au-pair aus Lettland.

Nach dem Besuch der Kletter-AG versuche ich, so oft es geht nach Bielefeld in den Speicher 1 zum Klettern und Bouldern zu fahren.

Einige Jahre nach der Scheidung meiner Eltern wächst meine Familie noch einmal. Von rechts: meine Schwester Sara, mein Vater Falk und seine zweite Frau Sandra, meine Oma Inge mit Ester und Lea, zwei meiner Drillingsschwestern. Vorn: die Zwillinge Ausma und Rieta.

Fernab der Berge muss man kreativ sein. Auch an der Hohenzollernbrücke in Köln kann man hochsteigen.

Kurz vor Erreichen des Mont-Blanc-Gipfels bekomme ich Nasenbluten. Bei den tiefen Temperaturen gefriert das Blut innerhalb von Sekunden. Ich bin fasziniert!

Wenn ich ohne Geld unterwegs bin, heißt das für mich Trampen. Mit meinem »Home to Mum«-Schild habe ich es schon aus so mancher misslichen Lage wieder wohlbehalten nach Hause geschafft.

Ab hier geht es offroad zum Fuß des Pik Lenin auf 7134 Meter Höhe.

In Osh verbringe ich einige Monate – zum Trainieren jogge ich jeden zweiten Tag auf den Heiligen Berg Suleiman-Too, der sich in der Nähe des Zentrums befindet.

Gletscherspalten auf dem Weg zu Camp 2, das am Fuße des sich abzeichnenden Felsgrates liegt.

Der Abend vor der schicksalhaften Nacht: Das Zelt steht auf einer vier Meter breiten Gletscherrippe und ist nur dürftig verankert.

Blick vom »ewigen Eis« in die trockene Steppenlandschaft. So schön kann es sein, einen Fünftausender zur Akklimatisation zu besteigen!

Der Wetterbericht sagt ein Unwetter voraus, das sich von der anderen Seite des Berges nähert.

Blick aus dem Camp, das bereits von Wolken umhüllt wird.

Von hier oben sehe ich den größten zusammenhängenden Walnussbaumwald der Erde, in dessen Mitte Arslanbob liegt. Zu wissen, dass noch niemand je einen Fuß an diesen Ort gesetzt hat, ist aufregend.

Für die Zeit, die ich in Arslanbob verbringe, ist Latshins Haus mein Zuhause. Täglich habe ich auf den unbestiegenen Berg (rechts) geschaut, jetzt ist es endlich so weit: Ich werde zu einem Besteigungsversuch aufbrechen.

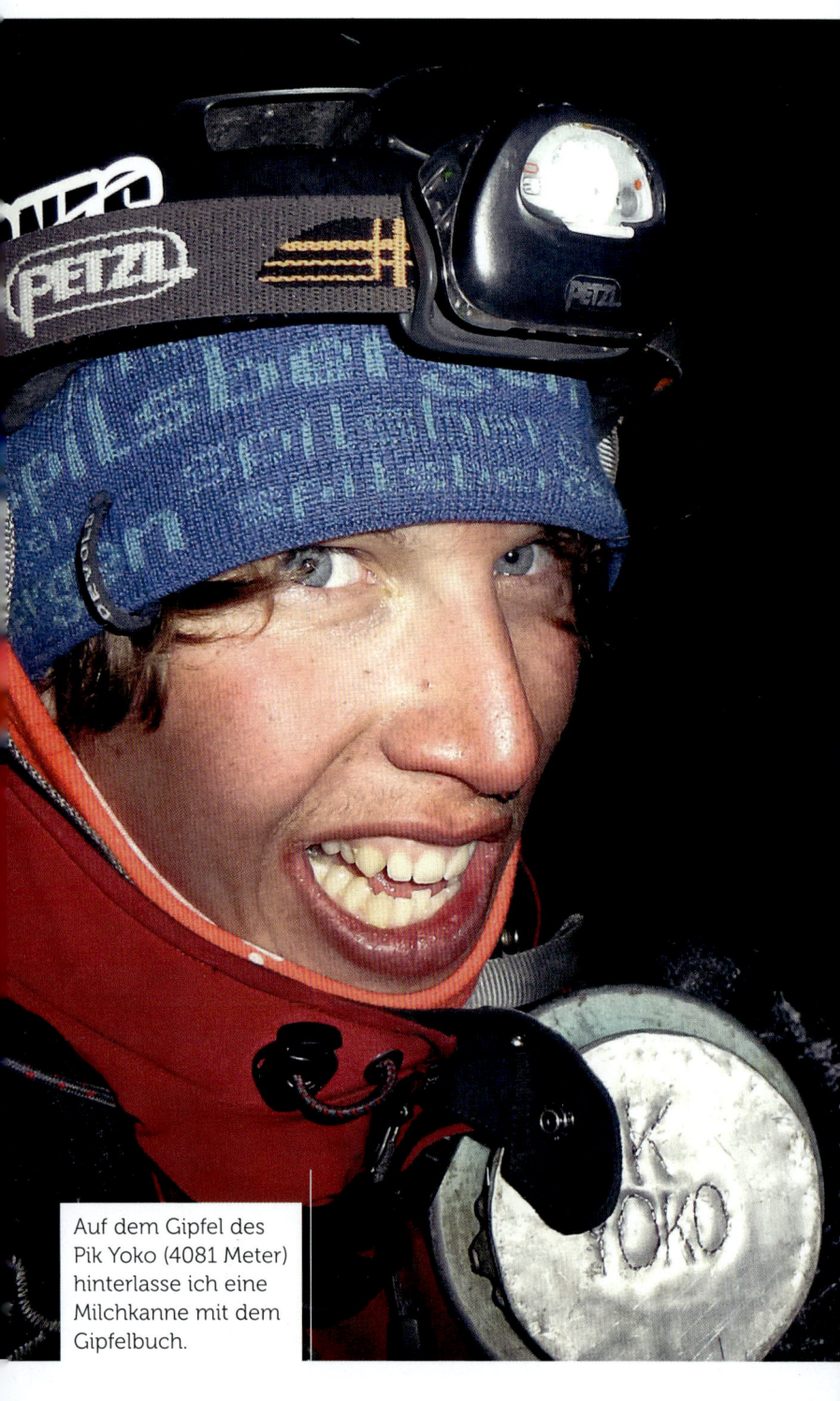

Auf dem Gipfel des Pik Yoko (4081 Meter) hinterlasse ich eine Milchkanne mit dem Gipfelbuch.

Kinder in Arslanbob mit ihren selbstgebauten Holzskiern.

Weil wir für die Kinder nur Abfahrtsskier haben, ziehen wir sie für das Skitourenrennen den Berg mit Pferden hinauf.

Auf einer Skitour durch den offenen Walnussbaumwald.

Neben dem gemeinsamen Klettern kommt auch die Theorie bei den Kids gut an.

Auch das ist Teil des Programms: Routen einrichten, um so Grundlagen für das Klettern in der Region zu schaffen.

Wir richten auch eine einfache 14-Seillängen-Tour (500 Meter) ein. Die Stände haben wir mit Bohrhaken ausgestattet. Dabei sind wir in ein ziemliches Unwetter geraten.

matisch in meinem Kopf ab. Sieben Meter über der Sicherung bedeuten etwa 14 Meter freier Fall. Mit etwas Schlappseil und Seildehnung komme ich auf eine Sturztiefe von etwa 20 Meter. Vorausgesetzt, die Sprengwirkung des Klemmkeiles, den ich dort gelegt habe, führt nicht dazu, dass er aus der Wand gesprengt wird. Mein Blick schweift zu der Stelle, an der ich eigentlich bei einem Sturz zum Halten kommen müsste. Mir schwant nichts Gutes: Ein kleiner Felsvorsprung ist im Weg. Mit hoher Wahrscheinlichkeit würde ich auf ihn aufschlagen. Ein hässliches Bild. Warum muss ich mir auch immer alles so genau vorstellen? Zum Glück kommt mir die rettende Idee. Ich könnte doch einfach springen und auf dem Absatz landen, der sich nur maximal zwei oder drei Meter unter mir befindet. Meinem Verstand kommt das logisch vor und auch sicher, aber mein Körper zieht nicht mit und stellt sich quer. Ich spüre, wie er sich innerlich wehrt. Meine Arme werden aber langsam müde und zwingen mich, eine Entscheidung zu treffen. Was habe ich für eine Wahl? Ich versuche mich zu beruhigen. Noch bin ich am Seil. Dass es keine Bergrettung, geschweige einen Rettungshubschrauber gibt, blende ich in diesem Moment bewusst aus. Ich zähle innerlich bis drei, schwinge mich mit letzter Kraft hinüber und lasse im richtigen Moment los. Ich falle und falle und falle – es kommt mir wie eine Ewigkeit vor – und lande tatsächlich auf dem Felsvorsprung, als wäre ich Indiana Jones. Meine Fußgelenke knirschen, als ich hart aufkomme. Ufff, Glück gehabt! Wieder einmal stelle ich fest, dass eine Abkürzung nicht automatisch der schnellere Weg sein muss. Nach einer kurzen Verschnaufpause mache ich mich wieder auf den Weg nach oben, dieses Mal in der Originalroute.

Etwas später sitzen Lisa und ich im oberen Teil der Wand und machen eine Pause. Weil wir viel länger als geplant unterwegs sind, setzt sich das Mittagessen lediglich aus einer Scheibe Brot und ein bisschen Wasser zusammen. Vor ein paar Minuten haben wir noch zwei Bohrhaken mit dem Akku-Schlagbohrhammer in die Wand gebohrt. Falls einer von uns ausreißen sollte, wäre der andere noch zur Hintersicherung da. An diesem Haken werden wir uns später abseilen. Damit vermeiden wir es, irgendwelche Klemmgeräte in der Wand zurücklassen zu müssen. Außerdem sind Bohrhaken viel sicherer. Eigentlich müssten wir jetzt schon mit dem Rückzug beginnen, denn im Frühsommer kommt das Wetter von der usbekischen Wüstenlandschaft und damit regnet und stürmt es jeden Nachmittag so pünktlich, dass wir unsere Uhren danach stellen können. Aber irgendwie wollen wir nach einigen Tagen an dieser Wand unser Leiden auch beenden – und abseilen können wir uns auch noch im Dunkeln. Außerdem sieht das Wetter heute viel besser aus. Wir haben beide denselben Gedanken: Heute nehmen wir den Gipfel in Angriff. Aber der Schein trügt. In der Dämmerung erreicht uns ein Wolkenschwall, der uns direkt in die Unterwelt katapultiert. Mit einem Mal wird es dunkel um uns, es beginnt heftig zu regnen und in der Ferne können wir das erste Donnergrollen ausmachen. Dann ein Blitz, nicht weit von uns. Schließlich ein zweiter. Die Blitze krachen nur so vom Himmel und lassen die Umgebung immer wieder in gleißendem Licht aufleuchten. Automatisch zählen wir mit – eins, zwei, drei, vier – BUMM! Wenn der Knall des einschlagenden Blitzes nicht vor drei Sekunden folgt, ist doch alles okay und das Unwetter weit genug weg, oder? Lisa ist nicht wirklich überzeugt. Wir stehen an einem Standplatz, der aus einer einzigen Rebschnur zusam-

8. Plan versus Realität

mengeknotet ist, was keine besonders gute Sicherung bedeutet. Aber der Akku der Bohrmaschine hält nur noch für einen einzigen Bohrhaken – und den werde ich weiter oben setzen. Dort muss er sein, der bis jetzt unerreichte Gipfel. Lisa möchte nur zurück und redet genauso hartnäckig auf mich ein, wie wir es Tage zuvor bei unserem störrischen Esel versucht hatten. Sie bereitet alles für den Rückzug vor. Ich gebe zu, es wäre eine äußerst dumme Idee, jetzt noch höher zu steigen.

Keine Ahnung, was mich noch weiter antreibt, aber ich kann einfach nicht umdrehen. Ich fühle mich wie einer meiner Helden aus den Computerspielen von früher, die jede noch so ausweglose Situation bravourös gemeistert haben. Ich liebe die Herausforderung und ich liebe diese Dramatik. Für mich stellen die Blitze keine wirkliche Gefahr dar. Ich flehe Lisa an, mich doch noch diese eine Seillänge gehen zu lassen. Wir beginnen zu diskutieren. Hier unten sei sie doch sicherer als ich dort oben, erkläre ich ihr. Es kostet mich einiges an Überzeugungskraft, bis sie mich in die Sicherung nimmt und schließlich gehen lässt. Ich sehe ihr sofort an, dass sie mein Verhalten nicht gutheißt, und irgendwie spüre ich auch, dass es nicht besonders klug ist, worauf ich mich gerade einlasse. Im Grunde genommen ist es reiner Wahnsinn. Aber nach all den Strapazen, nach allem, was wir bislang durchgemacht haben, kann ich nicht einfach umdrehen. Ich spüre, dass ich noch nicht am Limit bin, dass noch etwas geht, bevor es richtig gefährlich wird. Das, was ich hier tue, fühlt sich groß und bedeutsam an. Dass es eigentlich nur lebloser, bedeutungsloser Fels ist, an dem ich herumklettere, und sich die Bedeutsamkeit meines Handelns nur in meinem Kopf abspielt, ist etwas, dass ich erst viel später begreifen werde. Auch die Frage, was ich gemacht hätte, wenn sich Lisa dazu entschieden hätte, umzukehren, wird mich später umtreiben. Die Antwort erschreckt mich selbst: Geblendet von meinem Ehrgeiz wäre ich ohne zu zögern free solo weitergeklettert.

Langsam arbeite ich mich die dunkle Wand hoch, die durch die Blitze immer wieder kurz erhellt wird. Nur ein paar Sekunden später folgt der Donner, der durch das Echo der umliegenden Wände noch lauter und bedrohlicher wirkt. Ich setze den Akkubohrer für den letzten Bohrhaken an. Das Wasser schießt bereits in kleinen Bächen den Felsen hinunter. Die Kälte des Unwetters scheint dem Akku zu schaffen zu machen. Mit dem letzten Tropfen Energie kommt der Bohrer im Fels zum Stehen. Ich schlage den Bohrhaken mit dem Hammer ein und hoffe inständig, dass der Akku nicht durch einen spontanen Blitzeinschlag wieder schneller aufgeladen wird als geplant. Ich habe es geschafft! Ich sprinte die letzten Meter zum Gipfel und berühre den höchsten Punkt mit meinen Händen. Mich hinzustellen und meine Arme wie Leonardo DiCaprio in *Titanic* auszubreiten, traue ich mich nicht. Immerhin hängt noch einiges an Material an mir – alles bis auf mein Abseilgerät, welches bei Lisa am Standplatz liegt. Oh Mann, irgendwie ist es wie verhext! Zurück am Wandausstieg kommt mir die rettende Idee: Ich wickele mir das Seil um den Arm und lasse mich mit der entstehenden Reibung hinuntergleiten. Dieser Moment hat auch etwas Magisches. Das Wasser spiegelt die Blitze und läuft silbrig über den dunklen Fels. Es ist, als ob das letzte Licht des Tages innerhalb dieser Abseilmeter verblassen würde. Unten bei Lisa am Stand ist es bereits stockduster. Der Regen ist mittlerweile in Schneefall übergegangen und die Kälte kriecht durch unsere nassen Klamotten hindurch. Mithilfe unserer Stirnlampen versuchen wir, den richtigen Weg nach unten auszumachen, was sich im Dunkeln schwieriger gestaltet als angenommen. Und gerade als wir denken, die Situation kann nicht mehr schlimmer werden, bleibt das Seil beim Abziehen stecken. Wenn es eine Hölle gibt, dann würde ich da jetzt gerne Urlaub machen, schießt es mir durch den Kopf. Natürlich könnte ich jetzt in Panik geraten, aber wer sich von seiner Angst leiten lässt, macht nur Fehler. Ich versuche, ruhig zu bleiben und die Situation ganz objektiv von außen zu betrachten.

Die Angst, die ich empfinde, ist im Grunde genommen nur ein Warnsignal meines Körpers, um mich vor einem potenziellen Unglück oder gar dem Tod zu schützen. Was wäre das Schlimmste, das jetzt passieren könnte? Wir sind zu zweit. Wir werden also nicht erfrieren. Wir können uns gegenseitig wärmen. Möglicherweise würden wir unterkühlen und es bestünde auch die Möglichkeit, dass wir uns einige Erfrierungen an den Zehen holen, weil unsere Füße nur in Kletterschuhen stecken. Aber das wäre auch schon alles. Unsere Kopflampen geben uns nur einen kleinen Einblick in die uns unbekannte riesige Wand. Zur Not könnten wir auch einfach die Nacht hier aussitzen. Morgen früh, wenn die Sonne aufgeht, wird es wieder warm und trocken werden. Dann können wir uns Stück für Stück zu der Stelle hocharbeiten, an der das Seil eingeklemmt ist. Dieser Gedanke beruhigt mich. Noch bevor ich mich dazu entschließe, ein riskantes Solo auf dem nassen Fels zu starten, um das Seil zu befreien, das wir zum Abseilen benötigen, beginnen wir systematisch vorzugehen. Es gelingt uns, das Problem zu lösen, indem wir unter Einsatz unseres vollen Körpergewichts kräftig und rhythmisch am Seil ziehen. Völlig erschöpft erreichen wir in den frühen Morgenstunden den Fuß der Wand. Wir setzen uns auf unsere Rucksäcke und rutschen das Schneefeld bis zu unserem Lager ab.

Besonderheit: ohne Expeditionsteam

Zeit: April 2015

Alter: 22 Jahre

Ort: Lhotse (8516 Meter) / Nepal

9. Lhotse oder der schlechteste Film der Welt

Von hier oben sehe ich die Sterne so klar wie von nirgendwo sonst. Die Lichter des Everest Base Camps leuchten fast 400 Meter tief unter mir. Es ist schwer vorstellbar, dass sich dort fast tausend Menschen aufhalten. Ich genieße die Ruhe, die im Khumbu-Eisfall herrscht, und freue mich, allein zu sein. Ein Privileg, das ich nur deshalb habe, weil ich solo unterwegs bin. Solo heißt, dass man sich keine Fehler erlauben darf, es heißt aber auch, dass ich selbst entscheiden kann, was ich tue und ob ich mich stark genug dafür fühle. In vielen Sportarten muss man sich erst durch eine gewisse Abfolge genauestens festgelegter Prüfungen qualifizieren, um gegen den besten antreten zu dürfen. Beim Klettern oder Bergsteigen kann man einfach die schwerste Route der Welt probieren. Die Wahrscheinlichkeit, dass man scheitern wird, ist groß. Aber ich habe zum Glück nicht vor, die schwerste Route der Welt zu klettern – ich will ja »nur« auf den Lhotse. Allein und ohne zusätzlichen Sauerstoff. Tief in mir höre ich eine Stimme, die mir sagen will, dass ich noch nicht bereit dazu bin, diese große Aufgabe zu bewältigen, doch ich ignoriere sie. Vielleicht muss man erst einen Fehler machen und auf die Schnauze fallen, bevor man sich der eigenen Grenzen bewusst wird und diese akzeptieren kann. Ich gehöre zu keinem Expeditionsteam, das von unzähligen Menschen unterstützt wird. Ich habe keine Sherpas, die meine Ausrüstung den Berg hinauftragen, meine Camps aufbauen oder für mich kochen. Dass ich am Khumbu-Eisfall campe, ist keine Selbstverständlichkeit. Seit über zehn Jahren hat hier niemand mehr die Nacht verbracht, ohne in einer Notlage gewesen zu sein. Die Nachricht vom Jungen, der im Eisfall campt, verbreitet sich im Everest Base Camp wie ein Lauffeuer. Dass ich die Norm gebrochen habe, ist mir etwas unangenehm. Aber es gibt keinen Grund, warum ich mich schlecht fühlen müsste. Ich stehe zu dem, was ich tue.

In diesem Jahr ist es nicht schwer, einen sicheren Zeltplatz zu finden. Nach den vielen tödlichen Unfällen, die sich in den letzten Jahren im Gletscherbruch ereignet haben, hat man die Aufstiegsroute auf die rechte Seite des Eisfalls verlegt. Diese ist weniger lawinen- und eisschlaggefährdet. Das ganze Unterfangen kommt mir sehr viel sicherer vor als die winterliche Besteigung des Pik Lenin zuvor. Das rede ich mir zumindest ein. Ein gewisses Restrisiko bleibt immer. Zusammen mit anderen Sherpas und Bergsteigern – den ersten Streckenabschnitt muss ich mir mit den Everest-Gipfelstürmern teilen – steige ich im Morgengrauen weiter auf. Um sie vor unmenschlichen und

9. Lhotse oder der schlechteste Film der Welt

sicherheitsgefährdenden Arbeitsbedingungen zu schützen, wurde festgelegt, dass die Sherpas nicht mehr als 25 Kilo den Berg hinauftragen dürfen, was in dieser Höhe anstrengend genug ist. Mein Rucksack bringt stolze 35 Kilo auf die Waage, obwohl ich nur das Nötigste eingepackt habe. Allerdings bekomme ich in ihm nur 100 Liter unter. Deshalb muss ich einen Teil der Ausrüstung – mein Zelt, die Isomatte, meine Trinkflaschen sowie die Vollformatkamera mitsamt Stativ außen festmachen. Das sind die Schattenseiten, wenn man autonom unterwegs sein will. Man muss alles selbst schleppen. Meine Idee vom Bergsteigen ist eine pure und natürliche. Ich möchte so wenig Aufwand wie möglich betreiben. Nur so kann ich meine ganze Energie auf den Berg richten. Würde mich jemand unterstützen, wäre das für mich so, als ob ich einen Lift benutzen würde. Mir käme das wie Selbstbetrug vor. Ich will es schaffen – allein. Mir ist bewusst, dass ich sehr hohe Ansprüche an mich selbst habe, vielleicht sogar zu hohe. Ich habe noch nie einen Achttausender bestiegen, nicht einmal einen Siebentausender, und dann suche ich mir ausgerechnet dieses Biest von einem Berg aus? Die Route führt durch ein riesiges Gewirr von Eisabbrüchen und Gletscherspalten. Zur Absicherung werden billige Nylonseile verwendet, die an Eisschrauben oder überdimensionalen Alu-Heringen, sogenannten Schneeankern, befestigt werden. Diese werden an Stellen eingeschlagen, an denen das Eis nicht massiv genug ist. Ich könnte mich jetzt darüber auslassen, wie unglaublich anstrengend und schwierig es ist, all das auf mich zu nehmen, aber ich will das alles nicht unnötig dramatisieren. Im Grunde genommen kann diese Strecke jeder schaffen, der genügend Geld hat, acht Stunden am Stück gehen kann und der bereit ist, das unkalkulierbare Risiko einzugehen, von Eis oder Schneemassen erschlagen zu werden. Mit steigender Höhe wachsen allerdings auch die Anforderungen, und auch wenn man bei der Route auf den Everest die meiste Zeit »wandert«, macht die Höhe das Unternehmen sehr anspruchsvoll. Ich habe den größten Respekt vor jedem, der auf dem Gipfel des Everest gestanden hat, egal ob mit oder ohne Sauerstoff. Unsere Körper sind einfach nicht dafür gemacht, in so großer Höhe zu funktionieren. Aber dass es nur der Crème de la Crème von Profisportlern vorbehalten wäre, den höchsten Berg der Erde in Angriff zu nehmen, wäre auch übertrieben. Im Gegensatz zu vielen anderen Bergsteigern verfüge ich bereits über alpine Erfahrung und weiß mit Eisgeräten, Seilen, Steigeisen und allem, was sonst noch dazugehört, sicher umzugehen. Und wenn ich mich mit denen vergleiche, die ihre Expedition aus der Urlaubskasse zahlen – meine Expedition wurde durch Sponsoren finanziert, mit meinen 22 Jahren hätte ich die Kosten für eine solch aufwendige Unternehmung gar nicht aufbringen können –, komme ich mir wie ein Vollprofi vor.

Zu sehen, was im Base Camp und am Weg nach oben abgeht, schockiert mich. Ich sehe Menschen, die anscheinend noch nie in ihrem Leben in den Bergen waren, sich aber ausgerechnet den Everest als ersten Gipfel ausgesucht haben. Die einen kriechen auf allen Vieren über die Leitern, die über den Gletscherspalten aufgebaut sind, während andere mitten im Eisfall erklärt bekommen, wie man ein Abseilgerät oder Steigeisen benutzt. Das Funkgerät eines Sherpas knistert. »In der oberen Leitersektion stehen 80 Leute. Es ist mit einem Stau von etwa drei bis fünf Stunden zu rechnen ...« Es geht zu wie

9. Lhotse oder der schlechteste Film der Welt

auf der Autobahn. Radio einschalten, Verkehrsmeldungen abwarten. Ich gehe weiter und kann die ganze Show, die faszinierend und abstoßend zugleich ist, nicht genießen. Meine Konzentration reduziert sich auf ein Minimum. Mein Blick gleitet nach vorn – das muss das Stauende sein. Die Leute stehen unter Eistürmen, sogenannten Séracs, die instabil sind und jederzeit einstürzen können. Der Khumbu-Eisfall ist für seine starke Bewegung bekannt. Er fließt mit bis zu 1,2 Metern pro Tag den Berg hinunter. Dazu kommen an schönen Tagen die wärmenden Strahlen der Sonne, die an den Eistürmen lecken. Na wunderbar, es kommt mir fast so vor, als hätte ich erwartungsfroh eine Kinokarte gekauft, um dann aber festzustellen, dass der Film grottenschlecht ist. Den Saal verlassen möchte ich aber auch nicht, schließlich hat meine Eintrittskarte, also mein Permit, 1800 US-Dollar gekostet. Aber natürlich habe ich die Hotelbuchungen dann doch noch storniert, um die Kosten zu minimieren:

Klettergenehmigung auf Gruppenbasis:	*1800 US-Dollar*
Flugticket Kathmandu-Lukla-Kathmandu:	*330 US-Dollar*
Flugticket für Koch und Küchenhilfe:	*50 US-Dollar*
Basislager-Nahrungsmittel für die Gruppe:	*1500 US-Dollar*
Fracht Kathmandu-Lukla-Kathmandu:	*200 US-Dollar*
Gepäck- und Nahrungsmitteltransport Lukla-Basislager-Lukla:	*500 US-Dollar*
Kauf von frischen Nahrungsmitteln in Namche Bazaar:	*300 US-Dollar*
Versicherung für die Helikopter- und Basislagerbelegschaft:	*300 US-Dollar*

Routeninstallierung im Eisfall und Seilverlegung:	800 US-Dollar
An- und Abreiseservice in Kathmandu:	40 US-Dollar
Lohn für Koch und Küchenhilfe:	300 US-Dollar
Eintritt zum Everest-Nationalpark:	35 US-Dollar
Gebühr des Verbindungsbüros:	400 US-Dollar
10 % Steuern und Unternehmensdienstleistungsgebühr:	655 US-Dollar
Gesamt:	7210 US-Dollar

Im Gegensatz zum Film weiß ich allerdings, dass es besser werden wird, sobald sich weiter oben die Wege teilen. Außerdem möchte ich meine Grenzen austesten. Aber die einzige Grenze, die einem Test unterzogen wird, ist die meiner Geduld. Drei Stunden später geht es endlich über eine Leiter zwölf Meter in die Höhe. Als ich aufsteige und die letzten drei Meter auch noch vertikal Eisklettern muss, bin ich mit meiner Kraft fast am Ende. Die Höhe von 6000 Metern und das Gewicht von 35 Kilo auf dem Rücken setzen mir übel zu. Meine Atmung kommt einfach nicht mehr hinterher. Ich komme kaum vorwärts, mein Gewicht hat sich gefühlt verdreifacht. Mir wird klar, dass ich meinem Körper mehr Zeit für die Höhenanpassung hätte geben sollen. Alles, woran ich denken kann, ist mein Zelt.

Camp 1 (6100 Meter) ist organisiert wie ein Campingplatz. Ich muss zu dem mir zugewiesenen Platz gehen und beginne, dort mein Zelt neben den bereits errichteten aufzubauen. Die meisten, die hier oben mit ihrem kleinen Tagesrucksack ankommen,

9. Lhotse oder der schlechteste Film der Welt

erwartet ein aufgebautes, voll ausgestattetes Zelt, in das sie sich nur noch hineinfallen lassen müssen. Ein Sherpa wird für sie Schnee schmelzen und die Mahlzeiten zubereiten. Für mich gelten andere Bedingungen. Es gibt nicht einen Moment, in dem ich mir diese Art von Unterstützung wünsche – ich lehne sie sogar kategorisch ab. Der Gedanke an Hilfe liegt mir so nah, wie einem katholischen Priester der Wunsch zu heiraten. Nachdem ich eine Plattform aus dem Schnee gegraben habe, schaufele ich mir noch einen Liegestuhl aus Schnee, den ich mit meiner Isomatte abdecke. Dann lege ich mich mit nacktem Oberkörper in die Sonne und höre »Youth« von Daughter auf meinem iPhone. »We are the reckless, we are the wild youth«, klingt es in meinen Ohren. Ich versuche, mich zu entspannen. Aber in mir arbeitet ein Konflikt. Wie konnte ich mir ernsthaft einreden, diesen Berg ganz allein zu besteigen, wenn ich dabei auf die Infrastruktur der Sherpas zurückgreife? Klar, es gibt keinen anderen Weg durch das Eislabyrinth des Khumbu-Eisfalls, zumindest keinen, den ich bewältigen könnte, ohne mich extremen Risiken auszusetzen. Es lässt mir trotzdem keine Ruhe. Ich möchte es allein schaffen. Indem ich mir bewusst mache, dass ich ab Camp 1 solo gehen werde und auf die aufgebauten Seile und Leitern verzichten kann, versuche ich mir den selbst auferlegten Druck zu nehmen. Dass ich den ersten Teil der Route nur deshalb in Angriff nehmen kann, weil die Icefall Doctors, ein Spezialteam von Sherpas, wochenlang unter Lebensgefahr eine Route durch den Eisfall gebaut haben, muss ich einfach akzeptieren. Sie haben riesige Spalten mit zusammengebundenen Aluleitern überbrückt und den Weg so erst begehbar gemacht. Ohne diese Hilfsmittel könnte ich nicht aufsteigen.

Trotzdem ist es ein unglaublicher Moment, hier oben zu sein. Die einzigartige Aussicht berührt mich tief. Und sie weckt den Wunsch in mir, noch weiter aufzusteigen. Von Camp 1 geht es auf der Everest-Route noch bis zu Camp 3 (7300 Meter) weiter, dann biegen die Everest-Aspiranten links ab Richtung South Col (7900 Meter), während ich rechts in die Lhotse-Flanke abbiege, hinein in die Einsamkeit. Ich kann es kaum erwarten, den ganzen Trubel endlich hinter mir zu lassen, denn ich habe das Gefühl, dass mir die anderen Bergsteiger auf die Finger schauen und darüber urteilen, wie ich den Berg besteige. Der Weg zum Lhotse hinauf ist für mich der reizvollere. Während der Weg des 332 Meter höheren Everest sich in die Länge zieht und seicht ansteigt, besteht der Weg zum Lhotse aus einer steileren, direkteren Linie, die durch eine lange Rinne geradewegs zum Gipfel hinaufführt. Der Everest reizt mich gar nicht – zum einen, weil ich weiß, dass ich noch nicht bereit dafür bin, zum anderen graut es mir vor dem Stau, mit dem ich dort zu rechnen hätte. Die Menschenmassen, die sich diesen Berg hinaufschieben, widern mich an. Durch die Kommerzialisierung wirkt der Everest wie entweiht. Es ist fast so, als ob jemand die Seele des Berges verscherbelt hätte. Aber wie kann ich daran Kritik üben? Ich bin ja ein Teil dieser Bewegung. Wie es wohl wäre, den Everest allein im Winter zu versuchen? Dann wäre niemand hier. Die Vorstellung reizt mich schon. Noch bevor die Sonne aufgeht, beende ich meine Akklimatisierung in Camp 1 und mache mich an den Abstieg zurück ins Basislager. Unterwegs sehe ich, wie die Sherpas, die über Nacht Ausrüstung auf den Berg getragen haben, morgens eine Frühstückspause im Camp 1 einlegen. Das ganze Unterfangen gleicht dem Schichtbetrieb einer großen Fabrik. Die Kommerzialisierung

9. Lhotse oder der schlechteste Film der Welt

ist Fluch und Segen zugleich. Schließich schafft sie auch gut bezahlte Arbeitsplätze im eigenen Land, die den Menschen weit bessere Arbeitsbedingungen bieten als im Ausland, wo sie Olympia- oder WM-Stadien bauen müssten. Ähnliches gilt auch für andere Jobs, die Nepalesen fern ihrer Heimat verrichten in der Hoffnung, viel Geld zu verdienen. Stattdessen geraten sie oftmals in Abhängigkeiten, die sie erst einmal abarbeiten müssen. Sei es, weil sie kein Geld für die Rückreise haben oder weil ihnen der Reisepass nach ihrer Ankunft abgenommen wurde. Mittlerweile ist der Bergtourismus, ja der Tourismus überhaupt, zu einer nicht wegzudenkenden Einnahmequelle Nepals geworden. Er hält viele Chancen bereit, doch er schadet dem Land auch. Er funktioniert die Berge in Freizeitparks um und vermittelt dem Ausland ein falsches Bild über die Menschen, die dort leben.

Als Tenzing Norgay gemeinsam mit Edmund Hillary 1953 den Everest erstbestieg, hat er das Bild des hilfsbereiten, immer lächelnden Sherpas in die Welt hinausgetragen. Vielen ist nicht bewusst, dass Sherpas eine ethnische Gruppe sind, ein Volk. Das Wort steht jedenfalls nicht für Hochträger oder Guides, obwohl das immer noch sehr viele glauben. Sherpas leben hauptsächlich im Solu-Khumbu und haben sich über Hunderte von Jahren hinweg an die Höhe angepasst. Sie verfügen über genetische Vorteile und können daher auch in dünnerer Luft viel mehr Kraft aufbringen als wir Touristen aus dem sogenannten Westen, die diese Höhen eben nicht von Natur aus gewohnt sind. Mit einem jährlichen Pro-Kopf-Einkommen von mittlerweile gerade einmal etwas über 2000 US-Dollar ist ihre Heimat Nepal nach Afghanistan das zweitärmste Land Südasiens und gehört damit zu den 20 ärmsten Ländern der Welt. Ein Viertel der Bevölkerung lebt unterhalb der nationalen Armutsgrenze. Im Gegensatz dazu erhält ein Sherpa-Guide allein bis zu 1000 US-Dollar Bonus dafür, dass er die Teilnehmer einer Achttausender-Expedition auf den Gipfel bringt. Er darf den Bonus sogar dann behalten, wenn es noch vor Erreichen des Gipfels zu einer Umkehr kommt. Entscheidend ist allein, dass er dem Gast eine realistische Chance eröffnet hat. Aufgrund der guten Verdienstmöglichkeiten erfreut sich die Arbeit als Hochträger oder Guide natürlich großer Beliebtheit unter den Sherpas. Innerhalb von drei Monaten lassen sich auf diese Weise bis zu 4000 US-Dollar verdienen. Aber es gibt auch Familienmitglieder, die das Ganze kritisch sehen. Nicht wegen des Geldes, sondern wegen der Gefahr. Besteht doch auch immer das Risiko, dass der Ehemann, Vater, Bruder oder Freund nicht mehr vom Berg zurückkehrt. Auf Chomolungma (8848 Meter) – so nennen die Tibeter den Everest, was so viel wie »Göttin Mutter der Erde« oder auch »Mutter des Universums« bedeutet – zu steigen, gilt als etwas Unnatürliches, die Berge sind hier heilig. Hatte man einmal im Leben das Glück, diese wunderschönen und überwältigenden Berge Nepals aus der Nähe betrachten zu dürfen, bekommt man ein Gefühl dafür, warum hier der Sitz der Götter sein soll. Schroff, abweisend und mit einer ungeheuren Anziehungskraft greifen diese Bergriesen nach dem Himmel. Und dabei sind nicht immer die höchsten auch die schwierigsten oder schönsten. Ein Freund von mir hat einmal gesagt, dass er sich immer für die Ama Dablam, einen nur wenige Kilometer entfernten Berg, entscheiden würde, auch wenn er sich dafür jeden beliebigen Achttausender aussuchen könnte. Seine Worte hallen in meinem Kopf wider, wäh-

9. Lhotse oder der schlechteste Film der Welt

rend ich die letzten Gletscherspalten in Richtung Base Camp überwinde. Es geht mir genauso wie ihm. Obwohl mir dieser Berg alles abverlangt hat, fesselt mich bis heute seine Schönheit, Einsamkeit und Wildheit.

Besonderheit: 1 »privates« Küchenteam

Zeit: April 2014

Alter: 21 Jahre

Ort: Ama Dablam (6812 Meter) / Nepal

10. Das perfekte Chaos

Das Leben ist wie die Berge selbst. Es kann kalt und stürmisch sein, es kann einen aber auch an die eigenen Grenzen bringen. Am Ende ist es immer wunderschön. Ich spüre den immensen Wert des Lebens nirgendwo so sehr wie in einer gefährlichen Situation. In was ich mich da hineinstürze, ist reine Begierde.

Ich befinde mich auf meiner ersten Himalaya-Expedition. Was ich zuvor als absolute Wahrheit empfunden habe, ist hier nicht mehr von Bedeutung. Die Freiheit, in den Bergen tun zu können, was man will, ist hier außer Kraft gesetzt. Ursprünglich wollte ich den Cho Oyu (8188 Meter) versuchen, aber nach einem halben Jahr in Kirgisistan fehlen mir dazu schlichtweg die finanziellen Mittel. Eine große Besteigung im Himalaya ist nicht nur mit bürokratischem Aufwand verbunden, sondern vor allem eine Frage des Geldes. Es gilt die Regel: Je höher der

Berg, desto höher der Permit. Und ohne teuren Permit kann ich nicht starten. Für einen Sechstausender zahlt man in der Regel nur ein paar Hundert Dollar, aber am Everest kostet er rund 12.000. Zum Glück sind mir bei der Suche nach einer Alternative wieder die Worte meines Kletterlehrers Herr Fälker in den Sinn gekommen: »… ein Berg, den nur echte Bergsteiger besteigen können.« Jede Unterrichtsstunde begann Herr Fälker mit »fünf Minuten Geografie«, in denen er uns zu den Goldgräbern in die Dschungel Südamerikas oder in die Wüstendörfer des Oman mitnahm. In diesen fünf Minuten wollte er uns einen realen Eindruck von der Welt vermitteln. Dass eigentlich ein anderes Thema auf dem Lehrplan stand, spielte dabei keine Rolle. »Man sieht nur, was man kennt«, war seine Devise. Seine Einstellung zum Leben und Reisen hat mich in vielerlei Hinsicht geprägt, vor allem, dass man allem Neuen und Unbekannten gegenüber offen sein sollte. Er hat mich zu Multivisionsvorträgen von bedeutenden Bergsteigern wie Hans Kammerlander oder Alexander Huber mitgenommen und mir damit den Zugang zu dieser Welt eröffnet. Für mich war er wie ein Mentor. Er war es, der mich für das Bergsteigen begeisterte und mich Stück für Stück an diese Sportart heranführte. Er schärfte meine Sinne für das Reisen und bereitete mich darauf vor, ein selbstbestimmtes Leben zu führen. In der siebten Klasse berichtete uns Herr Fälker von seiner Reise ins Khumbu-Tal in Nepal – in diesem Zusammenhang habe ich zum ersten Mal von der Ama Dablam gehört. Übersetzt bedeutet der Name so viel wie »Mutter und ihre Halskette«. Der Berg selbst ragt steil in den Himmel hoch, die Arme der Mutter ruhen dabei auf ihren Beinen, so als würde sie im Schneidersitz sitzen. Es ist fast so, als hätte man die Füße des Eiffelturms

10. Das perfekte Chaos

nach außen gebogen. Dagegen ist die Halskette ein riesiger Sérac, der – so schön er auch ist – drohend über dem oberen Teil der Route hängt. Der Berg ist wunderschön, vielleicht ist er sogar der schönste überhaupt. Ich träumte mich in das Bild hinein, das der Beamer an die weiße Schultafel warf. Erst die Stimme von Herrn Fälker holte mich zurück in die Realität: »Das ist ein Berg, den nur echte Bergsteiger besteigen können.« Diesen Satz habe ich nie vergessen. Schaffe ich es auf diesen Gipfel, bin ich ein richtiger Bergsteiger, geht es mir durch den Kopf. Wow! 2014, also etwa sieben Jahre später, bin ich genau an diesem Berg – meine erste große Reifeprüfung. Und ein »Wow!« reicht nicht mehr aus, um meinen Gefühlen Ausdruck zu verleihen.

Gegen 7 Uhr fliegt ein Helikopter dicht über mein Zelt auf 5600 Metern hinweg. Am Tag zuvor war ich beim Aufstieg zu Camp 1 in einen Schneesturm geraten. Ich wollte mich nicht unnötig verlaufen. Also beschloss ich, mein Lager einfach da aufzuschlagen, wo ich mich gerade befand. Als ich den Reißverschluss aufreiße, sehe ich den Berg seit gestern zum ersten Mal wieder in ungewohnter Klarheit. Noch immer höre ich das Rotieren der Rotorblätter des Helikopters, das als Wiederhall vom Berg zurückgeworfen wird. Er muss dort irgendwo sein. Mir kommt das seltsam vor. Schließlich erkenne ich einen kleinen Punkt am Horizont und dann noch etwas, das an ihm herunterbaumelt. Anscheinend fliegt der Helikopter eine Longline-Rettung. Bei dieser Art von Rettung wird unter dem Helikopter ein 50 bis 100 Meter langes Seil befestigt, an dem sich Sanitäter und Verletzter festmachen können. Diese Form der Bergung wird immer dort eingesetzt, wo eine Landung unmöglich ist. Ich wundere mich, dass eine Rettung in so kompliziertem und steilem Gelände auf etwa 6200 Metern überhaupt durchführbar ist. Andererseits ist es auch beruhigend zu wissen, dass einem im Notfall geholfen werden kann. Aber nicht nur Notfälle wie schwere Stürze oder Eisschlag machen eine schnelle Rettung notwendig, auch bei der Höhenkrankheit ist rasches Handeln gefragt, wird diese doch allzu häufig unterschätzt. Die ersten Symptome von Höhenkrankheit können bereits ab einer Höhe von ungefähr 2500 Metern auftreten. Meistens leidet man an Schlaflosigkeit, Übelkeit, Appetitlosigkeit, Schwäche oder Kopfschmerzen. Das alles sind Warnsignale des Körpers, der uns damit sagen will, dass wir dringend einen Gang herunterschalten und gegebenenfalls einen Ruhetag einlegen sollten. Übertreibt man es dann doch, können insbesondere in großen Höhen Wassereinlagerungen im Gehirn und in der Lunge auftreten. Beim sogenannten Hirnödem verliert man den Gleichgewichtssinn und später die Orientierung. Es endet häufig tödlich, da es schwerer zu behandeln ist als ein Lungenödem, von dem man sich durch einen rechtzeitigen Abstieg relativ schnell wieder erholen kann. Dabei hat die Höhenanpassung nichts mit körperlicher Fitness zu tun. Eine gute Kondition kann sich sogar negativ auswirken. Man kommt viel schneller in die Versuchung, zu viele Höhenmeter aufzusteigen, weil der Körper darauf trainiert ist, in sauerstoffreicher Umgebung Leistungen zu vollbringen, die einen geringen Puls und eine niedrige Atemfrequenz vorteilhaft beeinflussen. Jedoch können ein sehr niedriger Puls und eine sehr niedrige Atemfrequenz während des Schlafes zu einem niedrigen Blutsauerstoffgehalt und so zu Symptomen führen. Auch ich reagiere jedes Mal anders auf

10. Das perfekte Chaos

die Höhe und passe mich deshalb schrittweise an. Das bedeutet, dass ich einige Nächte in der Höhe am Berg verbringe und dann wieder absteige um mich zu erholen. Die wichtigste Regel lautet daher, die Höhe langsam, schrittweise zu steigern und nicht zu viel Zeit oberhalb von 5500 Metern zu verbringen. In dieser Höhe kann der Körper dauerhaft nicht überleben und baut mit jedem Tag mehr ab. Erst Körperfett, dann Muskeln, später sogar Mitochondrien. Je höher man über diese magische Grenze kommt, desto kleiner wird die Zeitspanne, in der man sich dort aufhalten kann. Setzt man sich über diese hinweg, würde man langsam, aber sicher an Erschöpfung sterben. Auf knapp über 5000 Metern könnte ich problemlos ein paar Monate bleiben, aber auf 7500 Metern kann bereits nach wenigen Tagen Schluss für mich sein.

Ich bewege mich am Grat entlang hinauf, bis ich auf den »Yellow Tower« treffe, den Gelben Turm. Er markiert die schwierigste Stelle der gesamten Expedition. Ehrfürchtig schaue ich mir die steile Felsnadel an, die etwa 14 Meter in die Höhe ragt. Dieses Mal werde ich die Haken, die in die Wand geschlagen sind, zur Hilfe nehmen und mich an den von den Russen verlegten Fixseilen mit einem Klemmgerät hochziehen. Ich bin also noch gesichert. Schließlich möchte ich mir erst mal ein Bild von der senkrechten Wand machen, um später nicht auf eine böse Überraschung zu treffen. Als ich mich dazu entschlossen hatte, diesen Berg in Angriff zu nehmen, habe ich mich bei der Himalayan Database, einer Sammlung aller größeren Besteigungen im nepalesischen Himalaya, erkundigt, wie alt der jüngste Solo-Besteiger gewesen war. Ich erfahre, dass er 24 Jahre alt war. Sein Rekord liegt neun Jahre zurück. Ich bin jetzt 21. Falls es mir gelingen sollte, den Berg im Alleingang zu bezwingen, hätte ich einen neuen Rekord aufgestellt. Einen Rekord, der verdeutlichen würde, dass es immer eine Steigerung gibt, dass Grenzen etwas Bewegliches sind. Der Gedanke, mich selbst zu verwirklichen und etwas zu tun, das andere Menschen anspornen und ihnen den Weg weisen könnte, pusht auch mich selbst immer weiter, meine Grenzen auszuloten. Gleichzeitig hoffe ich natürlich auch, dafür Aufmerksamkeit und Anerkennung zu ernten. Aber genau genommen schieße ich am eigentlichen Ziel vorbei und versuche unterbewusst irgendetwas zu kompensieren, indem ich mir wünsche, berühmt zu sein. Ich will ein Held sein. Jemand, der von allen still bewundert wird. Ich weiß nicht, warum das so ist, und hinterfrage es auch nicht weiter. Ich weiß nur, dass dieser Wunsch mich dazu bringt, über mich hinauszuwachsen, etwas zu erreichen. Es ist meine mir selbst auferlegte Pflicht, diesen Berg solo zu besteigen, auf das Minimalste reduziert, auf mich allein gestellt und ohne irgendwelche Sicherungsmittel. Wenn ich diesen Rekord schon breche, dann richtig. »Diese Granitwand des ›Yellow Tower‹ werde ich das nächste Mal free solo klettern. Das ist sicher«, murmele ich, während ich mich langsam die Wand hocharbeite. Habe ich mir erst mal etwas in den Kopf gesetzt, bin ich zugegebenermaßen ein ziemlicher Sturkopf.

Oben angekommen, überschreite ich die magische Grenze von 6000 Metern. Auf einmal bin ich vom Dunst der mittlerweile aufgezogenen Wolken umhüllt, und bemerke erst jetzt, dass sich die russischen Bergsteiger nähern. Das metallische Klimpern ihrer Ausrüstung hallt von den Bergen wider. Als wäre jeder Schritt eine Bürde, die sie zu tragen haben, treten sie wie

10. Das perfekte Chaos

in Zeitlupe aus der Nebelwand. Ich lege meinen Rucksack auf einem schneebedeckten Felsen ab. Mein Gefühl sagt mir, dass irgendetwas nicht stimmt. Es kommt mir vor, als ob mich die gesamte Gruppe gar nicht wahrnehmen und wie Geister, versunken in ihrer eigenen Welt, an mir vorbeiziehen würde. Ich habe Victor vor ein paar Wochen in Kathmandu kennengelernt. Er war total erstaunt darüber, dass ich ein paar Wörter Russisch sprechen kann. Wir waren uns auf Anhieb sympathisch. Aber wo ist Victor jetzt? Wo ist der Expeditionsleiter? Ich spreche einen aus der Gruppe in gebrochenem Russisch an und frage ihn, was passiert ist. Er zeigt mir zwei Finger und schüttelt den Kopf. Der Expeditionsleiter und ein weiterer Bergsteiger haben es nicht geschafft. Höhenkrankheit. Mir brummt der Schädel. Ich bin ebenfalls noch nicht gut akklimatisiert. Ich entscheide mich dazu, mit dem russischen Team abzusteigen. Sie erzählen mir, dass sie sich im Expeditionsstil, also mit schwerer Ausrüstung und vielen Zwischenlagern, langsam nach oben gearbeitet hätten. Dabei hätten sie mehr als vier Nächte oberhalb von 6000 Metern verbracht, allerdings ohne ausreichend akklimatisiert zu sein. Den beiden anderen wäre es nicht gut gegangen, aber jeden Versuch, sie zum Absteigen zu bewegen, schmetterten sie mit den Worten ab: »Wir sind erfahrene Alpinisten, wir kennen unsere Grenzen.« Als sie weiter aufstiegen, hätten die beiden plötzlich Symptome eines Lungenödems gezeigt. Sprich, sie haben stark und dauerhaft gehustet und immer stärkere Leistungseinbußen verzeichnet. Als die Wassereinlagerungen in der Lunge schließlich so weit vorangeschritten waren, dass sie sich nicht mehr aus eigener Kraft fortbewegen konnten, hätten sie ein Notbiwak eingerichtet und den Helikopter per Satellitentelefon gerufen. Aber da es am Tag zuvor einen Schneesturm gegeben hatte, konnte dieser erst heute Morgen starten. Die beiden hätten die Nacht nicht überlebt. Das, was also vom Helikopter heute Morgen ins Tal geflogen wurde, waren die kalten, toten Körper der beiden Russen. Der Rest der Truppe und ich lassen uns auf dem steinigen Granitbruch im Camp 1 auf 5700 Metern nieder. Sie machen sich für eine Übernachtung bereit. Ohne Zelt, ohne Schutz. So etwas habe ich noch nicht erlebt. Als ich aufbreche, um weiterzuziehen, und ihnen alles Gute wünsche, wirken sie wie eine zerschmetterte Horde Deserteure, die alles verloren haben, woran sie einmal geglaubt haben.

Für mich zählen die Russen zu den stärksten und ausdauerndsten Bergsteigern. Ihre Mentalität lässt sie mit wenig Ausrüstung deutlich mehr erreichen als Bergsteiger anderer Nationen. Das erzeugt allerdings auch Druck untereinander. Ich könnte mir vorstellen, dass Victor Angst davor hatte, vor seiner Gruppe Schwäche zu zeigen, und er deswegen nicht umgekehrt ist. Schließlich war er viermaliger Bergsport-Champion der UdSSR, Träger des Schneeleoparden-Ordens, Trainer und Ausbilder auf höchster Ebene und hatte viele weitere Auszeichnungen erhalten. Ich denke lange über das Geschehene nach. Abends liege ich in meinem Zelt und versuche zu schlafen. Aber ich finde einfach keine Ruhe. Ich bin auf diese Weise noch nie in meinem Leben mit dem Tod konfrontiert gewesen. Das macht die Gefahren des Bergsteigens plötzlich viel greifbarer. Irgendwann bin ich mir nicht einmal mehr sicher, ob sein Name überhaupt Victor war. Wahrscheinlich hieß er doch anders. In meiner Vorstellungskraft ist sein Bild noch gestochen scharf, aber mein Körper hat eine Art Schutzpro-

10. Das perfekte Chaos

gramm aktiviert, damit ich eine gewisse Distanz zu seinem Tod einnehmen kann. Der Name des verunglückten Russen verschwimmt vor meinen Augen wie die Bilder eines Traums, der von einem Moment auf den anderen an Klarheit und Sinn verliert. Vergisst man den Namen einer Person, stirbt sie vollends. Irgendwie weiche ich ganz unbewusst der Belastung des Ereignisses aus. Ich muss gar nichts bewusst verdrängen. Alles verblasst, so wie das Licht des Tages.

Kennengelernt hatte ich die Gruppe erstmals im Ministerium in Kathmandu. Unsere Besprechung für das Permit war zusammengelegt worden. Es herrschte freudige Aufbruchsstimmung. Ich weiß noch genau, wie Victor mir auf die Schulter klopfte und wie wir zusammen über meine Solo-Besteigung gewitzelt hatten, unbeschwert und voller Vorfreude. Die gleiche Situation wie beim Abitur, wenn man sich fürs Gruppenfoto versammelt und jeder aufgeregt und erwartungsvoll in die Kamera lächelt. Bereit für den nächsten großen Schritt im Leben und gespannt auf das, was die Zukunft bereithalten wird.

Ich möchte weinen, aber es kommen keine Tränen. Ich bin erschüttert und gleichzeitig sensibilisiert für die Gefahren, die auf mich warten könnten. Vielleicht soll mir diese Tragödie noch einmal in aller Deutlichkeit vor Augen führen, dass das, was ich hier mache, tödlich sein kann und auch ich nicht unsterblich bin. Das Unglück holt mich auf den Boden der Tatsachen zurück. Alle Euphorie ist verschwunden. In solchen Momenten, wenn es mir schlecht geht, greife ich meist zu meinem Satellitentelefon und rufe zu Hause an. Als ich die sorgenvollen Stimmen meiner Eltern höre, spüre ich ihre Liebe und ihr Vertrauen in meine Entscheidungen. Das muntert mich auf, bestärkt mich, dafür bin ich dankbar. Wie es aussieht, bin ich auf einer langen, nicht enden wollenden Reise, die viele Prüfungen für mich bereithält. Ich will sie bestehen. Ich will vorankommen. Ich will wachsen, reifen. Nach dieser Expedition werde ich zurück nach Hause fliegen und Medizin studieren. Darauf habe ich das ganze Abitur über hingearbeitet. Mein Leben wird einen neuen Weg einschlagen. Vieles, wenn nicht gar alles, wird sich verändern. Später will ich mich auf Alpinmedizin spezialisieren, um so in den Bergen bleiben zu können. Noch lieber wäre ich allerdings Profibergsteiger. Dann könnte ich das machen, was ich am allerliebsten tue: in den Bergen sein. Aber reicht das, was ich kann, dafür aus? Bin ich gut genug?

Der Morgen dämmert. Die Wolken legen sich nicht nur sanft über die Täler, die unter mir liegen, sie bilden sogar einen Hut am Gipfel. Das ist eindeutig ein Zeichen dafür, dass es einen Wetterumschwung geben wird. Ich fühle mich elendig, also entschließe ich mich abzusteigen und das Geschehene erst mal mit ein wenig Komfort und höherem Luftdruck zu verarbeiten. Ich blicke in das Tal, durch das ich vor drei Wochen aufgestiegen bin. Sobald man mit einem der kleinen Flugzeuge in Lukla gelandet ist und zu Fuß weiter aufsteigt, verändert sich die Landschaft rasend schnell. Je höher man kommt, desto einfacher werden die Häuser und das Leben vor Ort. Die Hütten hoch oben sind aus dem Granit der Berge erbaut. Traditionellerweise sind sie mit einem Steindach gedeckt. An den lehmigen Pfaden, auf denen schwerbeladene Yak- und Muli-Karawanen vorbeiziehen, spielen die Kinder. Das Leben findet draußen statt. Der

10. Das perfekte Chaos

Wind trägt den sandigen Staub und die Mantras der bunten Gebetsfahnen weiter in die Berge. Am Wegesrand finden sich unzählige, bunt bemalte Gebetsmühlen, die man drehen kann. Auch ich habe sie gedreht, um meinen Segen für diese Expedition zu erhalten.

Beim Packen fällt mir auf, dass mein kleiner Tagesrucksack noch auf 6000 Metern auf dem »Yellow Tower« sein muss. In dem ganzen Wirbel habe ich ihn dort vergessen. Ich trauere ihm nicht nach, er enthielt nichts, was ich jetzt oder auch später vermissen würde. Als ich auf der von Hügeln umgebenen Graslandschaft die Zelte des Basislagers erreiche, erwartet mich allerdings eine wirklich böse Überraschung. Man hält mir meine kaputte Kamera vors Gesicht. Jemand hat sie zerschlagen. Ich komme gar nicht zur Ruhe. Immerhin war es nicht meine. Um Kosten zu reduzieren, teile ich mir das Basislager mit einer iranischen Expedition. Ich brauche kein zweiköpfiges Küchenteam, das allein für mich kocht, und erst recht nicht ein Speisezelt, wo ich wie ein König an der langen Tafel sitze. Ich finde es viel praktischer, sich die Kosten für das Permit und die Infrastruktur zu teilen. Das bedeutet auch für die Sherpas eine Erleichterung, die alles hochtragen müssen. Autos sucht man im Khumbu-Tal jedenfalls vergebens. Aber wie kam es zu der zerbrochenen Kamera? Die Iraner setzen sich aus zwei Gruppen zusammen, die sich zuvor nicht kannten. Ein älterer Teilnehmer verhält sich einem anderen gegenüber respektlos. Es folgen Beleidigungen, bis das Ganze eskaliert und in einer heftigen Prügelei endet. Nicht gerade die Art, wie normalerweise im Base Camp mit Problemen umgegangen wird. Die Prügelei wird von Marzieh, der einzigen Frau im Team, mit der Kamera festgehalten. Schließlich rastet einer der Streithähne aus und zerschlägt in seiner Wut die Kamera in ihre Einzelteile. Damit sind nicht nur die Expeditionsbilder futsch, auch die beiden Bergsteigergruppen sind passé. Bereits tags darauf bereiten sich alle auf die Abreise vor. Keiner will, dass des noch zu weiteren Eskalationen kommt. Womöglich würden sie sich dann mit Eisäxten die Köpfe einschlagen. Ich bleibe also allein im Base Camp zurück – ich und mein »privates« Küchenteam. Es wird still und einsam im Basislager, aber das Ganze hat natürlich auch seine guten Seiten: Ich bekomme jeden Tag mein Wunschgericht, und das ist fast immer eine großartig schmeckende Yak-Käse-Pizza.

Ich wandere zu einer bestimmten Stelle am Rande des Berges. Von dort aus kann ich SMS empfangen. Ich möchte wissen, wie das Wetter wird. Der Wetterbericht verspricht für die nächsten Tage Gipfelwetter. Es wird wieder Zeit, aufzusteigen. Auch wenn es seit meinem Aufbruch viele Rückschläge gab, meine Ausgangsposition könnte nicht besser sein, um meinen Plan endlich umzusetzen. Kein Bergsteiger hat in diesem Jahr den Gipfel erreicht. Deshalb gab es auch niemanden, der Fixseile im anspruchsvollen Teil der Tour verlegen konnte. Alle sind fort. Es ist perfekt für ein Solo.

11. Eine schlechte Entscheidung

Ich steige schweigend den Grat der Ama Dablam hinauf. Der Wind ist nicht so stark wie die Tage zuvor und auch der sonst so kalt wirkende Granit sieht heute viel wärmer aus. Die Wärme breitet sich wie ein unsichtbarer Tintenfleck auf dem Felsen aus. Als sie in meine Hände übergeht, verspüre ich zuerst ein Kribbeln, dann fangen meine Hände regelrecht an zu glühen. Ich spüre pure Intensität, während ich vertikal in der Wand hänge, ohne jegliche Sicherung und 800 Meter Luft unter mir. Und plötzlich beginnt diese Wärme in ein Feuer umzuschlagen. Ich suche nach den richtigen Griffen, doch ich finde keine geeigneten Risse oder Felsstrukturen, um mich festzuhalten. Die wohlige Wärme des Selbstbewusstseins, das mich eben noch durchströmte, schlägt in Sekundenbruchteilen in pure Angst um. Es fühlt sich an, als ob ich von innen verbrennen würde. Ich kann weder weiter hinauf noch wieder hinunter. Ich sitze fest, oder vielmehr: Ich hänge fest. Obwohl ich mich auf

6000 Meter Höhe befinde und recht dünn gekleidet bin, rinnt mir der Schweiß über den Rücken. Ich bin hier oben ganz allein. Mein Gehirn beginnt die üblichen bildhaften Horrorszenarien abzurufen. Ich verschwinde einfach lautlos in der Tiefe und niemand bemerkt es. Mein Küchenteam ahnt nichts von meiner Situation. Niemand schlägt Alarm. Lange kann ich mich nicht mehr halten. Aus purer Verzweiflung versuche ich die Flucht nach vorn. Mir bleibt auch nichts anderes übrig. Ich schnappe nach einem Griff weit über mir. Dabei bricht der Griff, den ich mit der linken Hand halte, aus der Wand. Ein kurzer Moment der Trägheit lässt die Zeit stillstehen, bevor sich mein Körper immer weiter beschleunigt und in den Abgrund stürzt. Ich werde immer schneller. So muss sich ein Fallschirmsprung anfühlen. Aber ich fühle mich nicht frei. Die Angst brennt sich tief in meine Haut ein und fügt mir selbst in diesem letzten Augenblick, in dem nichts mehr eine Rolle spielt, physische Schmerzen zu. Ich sehe, wie der Boden immer näherkommt. Da ist dieser gelbe flache Stein, auf den ich gleich mit voller Wucht aufschlagen werde.

Schweißgebadet wache ich auf. Ich habe das Gefühl, mein Zelt schwankt. Alles dreht sich vor meinen Augen. Was für ein Albtraum! In der Höhe träume ich viel mehr und intensiver als normalerweise. Die dünne Luft lässt mich einfach nicht so tief schlafen. Träume sind für mich das Abbild meiner Gefühle und Ängste. Ich glaube nicht daran, dass sie eine höhere Bedeutung haben oder mir die Zukunft zeigen. Für mich sind sie Bilder der Gegenwart. Alles, was wir in Träumen sehen, ist von uns selbst erschaffen. Als ich noch zur Schule gegangen bin, erzählte mir ein Freund von luziden Träumen, von sogenannten Klarträu-

Im Herzen von Kathmandu herrscht ein wildes Gewusel. Hier in Thamel habe ich einen Monat lang gewohnt.

Ankunft in Khumbu: Auf diese Tafeln sind Gebete gemeißelt. Damit sie ihren Schutz entfalten können, geht man immer links an ihnen vorbei.

Träger werden nach dem Gewicht bezahlt, das sie tragen. Darum wundert es auch nicht weiter, dass sie häufig alle 5 Minuten rasten müssen, um mit teilweise 70, 80 Kilo oder mehr vorwärts zu kommen. Aus diesem Grund führen sie auch einen auf ihre Körpergröße angepassten Stock mit sich, auf dem sie ihre Last absetzen können.

Die Ama Dablam ist für mich einer der schönsten Berge unserer Erde.

Es gibt nur wenig, das die Sherpas hier oben nicht zubereiten können. Für die Yak-Käse-Pizza, die sie auf dem Gaskocher zubereiten, gehört ihnen jedenfalls mein ganzer Respekt. Es gibt nichts Leckereres!

Was nicht in den 100-Liter-Rucksack hineinpasst, wird außen befestigt. Vom Ama Dablam Base Camp geht es als Nächstes zu den oberen Camps am Berg.

Der Yellow Tower stellt die technisch schwierigste Stelle der Besteigung dar. Auch wenn es nur 14 Meter sind, die hier überwunden werden müssen – die Höhe von 6000 Metern gibt der Herausforderung das gewisse Etwas.

Und wie bist du hier hoch gekommen?

Auf dem luftigen Yellow Tower ist gerade so viel Platz, dass ich mein Zelt unterbekomme. Kaum zu glauben, dass hier in der Hochsaison bis zu 4 Zelte stehen.

Ganz allein auf dem Gipfel der Ama Dablam (6812 Meter). Hier oben zu stehen, lässt all die Schmerzen vergessen und den Stress von mir abfallen. Ich spüre reine Erleichterung – auch wenn die Besteigung noch nicht ganz überstanden ist.

Das Everest Base Camp ist eine richtige kleine Stadt, die in Hochzeiten bis zu tausend Einwohner beherbergt. Bei einer Länge von 1,5 Kilometern kann man sich schon mal verlaufen.

Der Weg führt durch ein Gewirr aus unzähligen Gletscherspalten und Eistürmen. Wenn die Sherpas die Route nicht wochenlang im Voraus präparieren würden, wäre ein Passieren nahezu unmöglich.

30 Kilo Gepäck + 6100 Meter Höhe = ziemlich k. o. Das viele Tragen ist sicherlich die größte Herausforderung bei solchen Solo-Expeditionen. Ich teile nichts mit anderen und verzichte bewusst auf Träger für meine Ausrüstung.

Da muss ich rauf!

Als ich die gigantische Lawine auf mich zurasen sehe, bin ich mir sicher: Ich werde hier sterben. FUCK!

Rafiq und Keyshore, zwei Bergsteigerkollegen, schmeißen den Gaskocher an, um sich in einem der noch stehenden Zelte zu wärmen.

Das Base Camp gleicht einem Schlachtfeld, die Ausrüstung liegt kilometerweit verstreut herum.

Das Tarantellen in Spitzbergen. Auf drei Säulen steht das etwa 50 Meter hohe Gebilde, von dem ich bislang nur aus Erzählungen gehört habe. Ob es sich besteigen lässt?

Ziel der Expedition ist der Lhotse-Gipfel. Dafür nutze ich bis einschließlich Camp 3 dieselbe Route wie die Bergsteiger, die den Everest anpeilen. Als sie schließlich links abbiegen, geht es für mich rechts weiter. Die Lawine (rot) hat sich durch das Erdbeben vom Pumori gelöst und ist dann mittig auf das Base Camp zugestürzt.

An der selten bestiegenen Annapurna ist das Basecamp vergleichsweise klein und ruhig – hier kennt jeder jeden.

Von Camp 1 (5100 Meter) aus sehe ich keine wirklich sichere Aufstiegsroute auf die Annapurna (8091 Meter), die sich hier im Hintergrund abzeichnet.

Kurz nachdem dieses Foto entstanden ist, werden wir beinah unter herabstürzenden Eismassen begraben. Nur ganz knapp rauschen sie an uns vorbei.

Sieht man genau hin, kann man die feine Linie der Aufstiegsspur und die Menschen erkennen, die auf dieser Route unterwegs sind. Regelmäßige Lawinenabgänge machen die Besteigung extrem riskant. In der Statistik der Himalayan Database heißt es für das Jahr 2016: Von 225 Bergsteigern verstarben 83 am Berg.

Hier oben ist – objektiv betrachtet – das größte Risiko überwunden. Jetzt heißt es »nur« noch mit der dünnen Luft und der Kälte fertigzuwerden.

Mit dem Gipfel der Annapurna (8091 Meter) geht ein langersehnter Traum für mich in Erfüllung. Hier oben wird mir auch klar, dass ich mich in größeren Höhen nicht nur tierisch wohlfühle, sondern dass es mich bereits nach der nächsten großen Herausforderung verlangt.

11. Eine schlechte Entscheidung

men, Wachträumen. Wissbegierig, mehr über diese geheimnisvolle Kraft zu erfahren, lieh ich mir aus der Bibliothek fünf Bücher aus und las mich in das Thema ein. Zuerst ging es darum, das Träumen zu lernen, genauer gesagt, sich an seine Träume zu erinnern. Ich begann damit, ein Traumtagebuch zu führen. Auf diese Weise gelang es mir, mich innerhalb kürzester Zeit an bis zu vier Träume pro Nacht zu erinnern. Beim luziden Träumen geht es darum, dass man mit Hilfe verschiedenster Techniken in das Traumgeschehen eingreifen kann. Damit einher gehen Momente größter Klarheit, in der sich einem die absolute Wahrheit eröffnet. Habe ich einen solchen Traum, ist mir voll bewusst, dass ich träume. Gleichzeitig kann ich auf all mein Wissen aus der Wachrealität zurückgreifen und es eröffnen sich mir ungeahnte Möglichkeiten. Der Traum ist dann wie ein Videospiel, in dem ich mich voll ausleben kann: die Arme ausbreiten und losfliegen. Ich kann Dinge ausprobieren, vor denen ich im realen Leben Angst hätte: einen Skisprung über eine 20 Meter hohe Klippe oder einen Rückwärtssalto auf einer Slackline. Auf diese Weise bekomme ich ein erstaunlich realistisches Gefühl für die jeweilige Situation. Aber richtig spannend wird es, wenn ich im Traum einer Person begegne und ihr eine simple Frage stelle. Denn genau genommen ist diese Person ein Teil der von meinem Gehirn erschaffenen Traumrealität, sie ist ein Teil von mir. Ich befrage mich also selbst und die Antwort, die ich bekomme, kommt aus den Tiefen meines Unterbewusstseins. Das luzide Träumen ist für mich in vielerlei Hinsicht eine Bereicherung. Es macht mich sensibel gegenüber dem, wie ich mich verhalte und was ich tue.

Aber muss ich ausgerechnet von einem Absturz träumen, während ich in den Bergen bin? Ich nehme mir vor, die Schwere eines solchen Ausgangs nicht länger auf meiner Schulter sitzen zu lassen. Ich schiebe sie fort in das Reich der Träume, aus dem sie gekommen ist und steige mit den Strahlen der aufgehenden Sonne weiter auf. Es ist der zweite Anlauf in Richtung Gipfel der Ama Dablam. Dieses Mal will ich ganz nach oben. Meine Gedanken werden für den Moment wieder leicht und unbeschwert. Ich bewege mich den spitzen Grat entlang. Überall sind alte Seilreste befestigt, einfache Nylonseile, so wie man sie zum Aufhängen einer Schaukel im Garten benutzt. Das ist meiner Ansicht nach kein Material, das man zur Absicherung eines lebensgefährlichen Abschnittes verwenden sollte, doch es ist billig und jedes Jahr werden aufs Neue einige Kilometer davon verlegt. Nur in diesem Jahr ist das noch nicht geschehen. Ich werde die Finger von dieser Vermüllung lassen. Nach mindestens einer Saison sind diese Seile von der starken UV-Belastung spröde geworden. Sie sind trügerische und gefährliche Begleiter. Ich bewege mich komplett ohne Absicherung den Berg hinauf, was einen extremen Vorteil hat: Ich bin schnell. Ich muss mir keine Gedanken machen, wo und wie ich mich sichere. Ich kann mich voll und ganz auf meine Bewegungen konzentrieren. Gleichzeitig hat mir der Traum klargemacht, wie groß meine Angst vor der Aufgabe ist, die ich mir selbst auferlegt habe. Nicht die Anforderungen an sich, sondern die Größe der Gesamtunternehmung macht mir Angst. Ich bin dabei, etwas zu tun, das ich noch nie getan habe. Etwas, wofür ich mich eigentlich noch nicht bereit fühle. Von unten sieht der Berg so gewaltig und einschüchternd aus, fast unbezwingbar. Die Geschichten, die ich gehört habe, beschreiben

11. Eine schlechte Entscheidung

Gefahren durch Eisschlag und steiler Eiskletterei im oberen Teil. Immer wieder sollen Leute von riesigen herabfallenden Eisbrocken erschlagen worden sein. Auch die sorgenvollen Blicke der anderen Expeditionsteilnehmer und das Gemurmel über die schwierigen Bedingungen haben mich nicht gerade ermutigt. Aber nicht, dass ich mein Leben verlieren könnte, macht mir Angst, ich habe nur Angst davor, zu scheitern. Nicht meinen Tod sehe ich vor mir, sondern wie ich nach meinem Medizinstudium als Arzt in einem Rettungshubschrauber in den Bergen arbeite und verschiedene Expeditionen medizinisch begleite. Das ist meine Zukunft. Das fühlt sich real an. Also kann ich davor nicht sterben. Zu sterben stellt keine Möglichkeit für mich dar. Ich glaube, dass es genau diese Einstellung braucht, um seine Grenzen zu sprengen. Zweifel schwächen nur, und zögert man zu lange, kann es sogar für immer zu spät sein.

Mit jedem Schritt am Berg wird die Aufgabe kleiner und der Weg zum Gipfel kürzer. Wenn ich mich erst einmal bewege, dann schrumpfen meine Ängste. Jeder kleine Schritt vorwärts zeigt mir, dass ich noch einen weiteren machen kann und noch einen – bis ich am Yellow Tower ankomme. Der steile, gelbliche Granit ragt fast hinauf bis zu den Wolken. Meine Ehrfurcht vor dieser schwierigen Stelle unterbricht den Flow, in dem ich mich bis jetzt befand. Es ist bewölkt und windstill, perfekte Temperaturen, um ohne Handschuhe zu klettern. Somit kann ich den Fels mit meinen Händen spüren und habe ein viel besseres Gefühl als mit meinen klobigen Handschuhen und den Eisgeräten. Mich verbindet nur ein Seil mit meinem Rucksack, den ich, sobald ich am Ende des Gelben Turms angekommen bin, nachziehen werde. Ohne Sicherung mit 20 Kilo auf dem

Rücken aufzusteigen, übersteigt meine Fähigkeiten bei Weitem. Die Angst ist unterbewusst präsent. Auch wenn ich sie nicht spüre, sorgt sie für enorme Konzentration. Würde ich daran glauben, dass mich ein sanftes weißes Licht im Nirwana erwartet oder ich wiedergeboren werde, würde ich nicht alles geben und auch nicht den allerletzten Rest aus mir herausholen. Meine Welt ist zusammengeschrumpft auf den Felsen und auf meine Bewegungen. Alles, woran ich denken kann, ist, meine rechte Hand auf dem Griff so zu positionieren, dass ich ihn am besten halten kann, und meinen Fuß auf der Kante so abzustellen, dass sich die Sohle meiner schweren Bergstiefel gut verkantet. Mein Fokus auf diese Bewegungen kommt einem Tunnelblick gleich, der die Tiefe unter mir unscharf erscheinen lässt und die Angst verdrängt. Diese Ruhe ist essenziell, um meine Kraft richtig einzusetzen und mich konzentrieren zu können. Ich atme tief und kontrolliert ein und aus. Jedes bisschen Panik könnte dafür sorgen, dass meine Kletterfähigkeiten auf ein Anfängerlevel reduziert werden. Die Bewegungen fließen – bis ich die Schlüsselstelle auf knapp 6000 Metern erreiche, wo sich ein feiner Riss die 90 Grad steile Wand hochzieht. Selbst mit Sicherung braucht es an diesem Punkt einiges an Überwindung, um weiterzuklettern. Ich stehe jedoch ohne zusätzliche Absicherung diesem Riesen gegenüber – und mein Albtraum wird plötzlich Realität: Ich finde keine Griffe. Dabei hatte ich mir die Stelle doch genau angesehen und für machbar empfunden?! Auf einmal bin ich nicht mehr bereit, so viel Risiko einzugehen. Mir mit einer einzigen Handbewegung heruntergerissen und mir wird schlagartig bewusst, wo ich bin und in welcher Gefahr ich mich befinde. Die Angst vor einem Sturz packt mich mit voller Wucht. Ich kann nicht anders, ich muss

11. Eine schlechte Entscheidung

weiter. Unsicher bewege ich mich an der Stelle auf und ab, ständig auf der Suche nach einem geeigneten Griff, der mein Gewicht mit absoluter Sicherheit zu halten vermag. Aber gibt es die absolute Sicherheit in den Bergen überhaupt? Oder existiert diese nur in meinem Kopf? Nervös tastet mein gestreckter Arm den Felsen ab. Irgendwo muss ich doch Halt finden. Meine Finger überprüfen jeden Millimeter – und dann ist er plötzlich da, der Griff, der mich aus dieser verzwickten Situation befreit. Viel zu fest presse ich meine Finger an den Felsen und reiße meinen Körper zuerst nach oben und dann zur Seite nach rechts. Schlag für Schlag erschüttert mein Puls meinen Körper. Trotz des Adrenalinausstoßes muss ich auch weiterhin überlegt handeln. Mit höchster Konzentration klettere ich weiter und komme schließlich oben an. Eine Woge der Erleichterung erfasst mich. So muss es sich anfühlen, wenn man krasse Drogen nimmt. Das Beste aber ist: Ich finde meinen Rucksack wieder. Ich hatte ihn unterhalb eines Granitzackens deponiert. Blöderweise ist er mittlerweile zu einem Eisblock mutiert. Der Schnee auf dem Granitzacken war in den vergangenen Tagen in der Sonne geschmolzen, hinunter getropft und bei Nacht wieder gefroren. Lustigerweise sieht er nun aus wie die eingefrorene Nuss in *Ice Age*. Das Lachen vergeht mir, als ich damit beginne, mit meinem Eisgerät auf den Block einzuhämmern. Es kostet mich fast eine Stunde, ihn frei zu meißeln.

Ja, ich gehe manchmal bei Rot über die Ampel, halte mich nicht immer an die Geschwindigkeitsbegrenzung und überquere auch schon mal im Dunkeln die Straße. Jeden Tag nehme ich Risiken auf mich, wobei ich die alltäglichen nicht so wahrnehme wie die außergewöhnlichen. Der Gedanke an Gefahr sorgt bei mir dafür, dass ich viele Dinge intensiver wahrnehme und so auch zu höheren Leistungen fähig bin. So seltsam es klingen mag: Das, was ich am meisten bereue, sind die Risiken, die ich nicht eingegangen bin. Fast immer bereue ich die verpassten Möglichkeiten, die aus einem eingegangenen Risiko hätten hervorgehen können: dass ich das süße Mädchen an der Bushaltestelle nicht angesprochen habe oder eben dass ich am Berg zu früh umgedreht bin.

— — — — — — — — — — —

Etwas später liege ich in meinem Zelt und mir ist speiübel. Ich zeige leichte Symptome der Höhenkrankheit. Eigentlich will ich morgen auf den Gipfel, aber unter diesen Umständen macht es keinen Sinn. Trotzdem möchte ich nicht aufgeben, nicht nach all dem, was ich auf diesem Berg bereits durchgemacht habe. Ich beschließe, einen Tag zu warten und zu beobachten, wie sich meine Symptome entwickeln, danach werde ich eine Entscheidung treffen. Ich befinde mich auf einem Turm, auf dem nur vier kleine Zelte Platz finden. Wie eine luftige Felsnadel ragt er in den Himmel und fällt nach allen Seiten steil ab. Ich habe aus früheren Fehlern gelernt und verankere mein Zelt mit Fixseilresten am Fels. Es ist schon komisch, aber in meinem Zelt fühle ich die Vertrautheit eines Zuhauses. Egal wo ich bin, von innen sieht es immer gleich aus. Ich stelle mir vor, dass ich mich im Garten meiner Eltern befinde und unter dem großen Kirschbaum zelte, so wie ich es als Kind immer getan habe. Erst nachdem es mir gelungen ist, den Schnee zum Schmelzen zu bringen, schaue ich wieder aus dem Zelt und mir wird bewusst, wo ich eigentlich bin. Das Gefühl ist dasselbe. Diese kindliche Neugier, rauszugehen und Dinge auszuprobieren, ist immer noch vorhanden. Nur dass ich jetzt größere Kreise ziehe und mein Zelt weit weg vom Garten meiner Kind-

11. Eine schlechte Entscheidung

heit aufbaue. Ich gieße das kochende Wasser in den Beutel meiner Mahlzeit und sehe zu, wie aus den Essensbröseln ein Gericht wird. Ich finde diese Tütennahrung einfach großartig. Lecker ist sie außerdem. Und es gibt auch keinen lästigen Abwasch, mit dem man sich rumquälen muss.

Nach einer erholsamen Nacht und viel Flüssigkeit fühle ich mich deutlich besser und ich beschließe, heute den Gipfel zu stürmen. Mein Plan sieht vor, die letzte Passage in einem Stück zurückzulegen und Camp 3 auf 6300 Metern auszulassen. 2006 hat sich dort ein schrecklicher Unfall ereignet, bei dem das gesamte Camp von einer Eislawine vom Berg gefegt wurde. Niemand hatte überlebt. Dieses Risiko will ich nicht eingehen. Daher klingelt mein Wecker schon um elf Uhr abends. Eine Stunde später beleuchtet meine Stirnlampe bereits die Mixed-Passagen des Grey Tower, der die zweite technische Passage markiert. Hierbei handelt es sich um eine eisige Granitwand, die sich etwa 200 Meter nach oben windet und an einem turmartigen Vorsprung endet. Das Eis zieht glasige Adern durch den Felsen. Es ist ein wildes Durcheinander, auf dem ich meine Eisgeräte platziere. Mal ziehe ich mich mit ihnen an kleinen Felskanten hoch, mal schlage ich sie in das harte Eis ein, um mir sicheren Halt zu geben. Meine Befürchtung, den Weg in der Dunkelheit nicht zu finden, ist unbegründet, die alten Fixseile weisen mir den Weg. Meistens schimmern sie wie eingefrorene, farbige Schlangen unter dem klaren Eis, manchmal schaut auch ein Stück von ihnen heraus. Zu Beginn der Besteigung hatten mir die beiden Sherpas der iranischen Expedition ausdrücklich verboten, die von ihnen verlegten Fixseile auch nur anzufassen. Ich weiß noch sehr genau, wie ich ihnen erklärt habe, dass dies auch gar nicht meine Absicht sei, ich würde schließlich ein Solo versuchen und die Seile maximal auf dem Abstieg zum Abseilen verwenden. Aber auch das verboten sie mir. Beziehungsweise sie verlangten von mir 1000 Dollar, würde ich die Seile benutzen. Ich versuchte zu verhandeln, aber sie lehnten mein Angebot ab. Falls sie mich dabei erwischen würden, wie ich die Fixseile anfasse, würden sie das sofort dem Ministerium melden, drohten sie mir. Damit jagten sie mir richtig Angst ein. Inzwischen weiß ich, dass sie blufften. Sie wollten nur an mein Geld. Das Verbot, generell keine Seile nutzen zu dürfen, will ich auf folgende Art umgehen: Ich nehme mir vor, das 30-Meter-Seil, das ich an schwierigen Stellen zum Nachziehen meines Rucksacks verwende, auch zum Abseilen am Yellow Tower zu benutzen. Den oberen Teil allerdings werde ich rückwärts abklettern, alles andere würde zu viel Zeit kosten. Im Nachhinein kann ich über die Unterhaltung mit den Sherpas nur lachen. Die beiden Sherpas haben bereits vor einer Woche das Base Camp verlassen. Die Fixseile für die gescheiterte iranische Expedition konnten sie somit auch gar nicht verlegen. Aber diese Diskussion mit ihnen hat mir gezeigt, wie stark die Kommerzialisierung der Berge fortgeschritten ist und wie wenig ich damit zu tun haben möchte.

Eissplitter verpuffen in der Dunkelheit, Schneeklumpen segeln lautlos in die Tiefe. Langsam kämpfe ich mich zum oberen Teil der Wand hoch, der nahtlos in die Mushroom Ridge, den sogenannten Pilzgrat übergeht – und dieser wird seinem Namen mehr als gerecht. Er besteht aus großen, voluminösen Wechten, die Ähnlichkeit mit Pilzen haben und um die ich herumnavigieren muss. Da die Gefahr besteht, dass diese je-

11. Eine schlechte Entscheidung

derzeit abbrechen können, bin ich extrem vorsichtig und bewege mich nur langsam vorwärts. Die Sonne schickt bereits ihre ersten wärmenden Strahlen, als ich in die Eiswand unter dem großen Sérac, dem Dablam, einsteige. Nun ist Schnelligkeit gefragt, es können jederzeit Eisstücke, mitunter größer als ein Auto, abbrechen und direkt auf die Route einschlagen. Das harte, blaue Eis bricht und splittert unter dem Hämmern meiner Halt suchenden Eisgeräte. Das mehrmalige Einschlagen ist kräftezehrend und die dünne Luft fordert ihren Tribut, immer wieder muss ich kurze Pausen einlegen und verschnaufen. Und gerade als ich denke, dass ich das Schlimmste bereits hinter mir habe, bleibe ich in tiefem Pulverschnee stecken, der sich in einer windgeschützten Ecke auf 6500 Metern aufgetürmt hat. Ich pflüge so gut es geht durch die Unmengen an Schnee, überwinde ein paar Gletscherspalten und erreiche am oberen Teil des Séracs schließlich besseres Gelände, wo ich meine Eisgeräte relativ einfach in den hartgefrorenen Schnee setzen kann. Zum Glück ist dieser Abschnitt nicht so steil, wie er von unten gewirkt hat. Ich schätze die Flanke auf 55 Grad, von unten sah es nach mindestens 70 Grad aus. Mittlerweile bin ich seit fast 18 Stunden unterwegs und der Tag neigt sich dem Ende zu. Ich bin viel zu langsam. Ich zähle 20 Bewegungen, dann lege ich eine zweiminütige Atempause ein, um neue Kräfte zu sammeln. Richtig entspannen kann ich mich jedoch nicht, irgendwelche Muskeln sind immer angespannt und ich muss die ganze Zeit hochkonzentriert bleiben. Ich hänge alles, was ich an Material für eine mögliche Rettung am Gurt habe, an eine Bandschlinge und lasse sie nach unten hängen. Das gibt mir wenigstens das Gefühl, mich in einer ganz normalen Vorstiegssituation zu befinden, bei der ich in ein Seil eingebunden bin, das nach unten zu meinem Sicherungspartner verläuft und mich im Falle eines Sturzes auffangen würde. Die Illusion, gesichert zu sein, nimmt mir die Angst. Ich weiß, es ist schon spät, aber wenn ich das Tempo beibehalte, werde ich auf dem Gipfel ankommen, irgendwann.

Ich huste rote Spritzer aus meinem Rachen. Ist das etwa Blut? Anscheinend. Ich bin dem Gipfel mittlerweile ganz nah. Eine Stunde mehr oder weniger macht keinen Unterschied, rede ich mir ein. Das bisschen Blut wird schon nicht so schlimm sein. Die Möglichkeit, an einem Lungenödem zu sterben, ziehe ich in dieser Situation gar nicht in Betracht. Ich schüttele alle negativen Gedanken ab. Ich bin bereit, jedes Opfer zu bringen und weiter zu gehen, als es mir eigentlich möglich ist, nur damit ich mir meine eigenen Schwächen nicht eingestehen muss. Ich bin mir sicher, dass ich es schaffen werde. Und plötzlich bin ich fast oben. Ich kann mein Glück kaum fassen. Ich schalte meine Helmkamera ein und bewege mich, so schnell es geht, in Richtung Gipfel. Schließlich steige ich aus der Eiswand oben aus und stehe seit einer gefühlten Ewigkeit zum ersten Mal wieder auf flachem Boden. Ich kann nicht anders, als mich einfach nach vorn auf den Bauch fallen zu lassen. Einfach eine Viertelstunde liegen bleiben, bevor ich mich wieder rühre. Es ist purer Genuss. Könnte ich mir aussuchen, wie ich sterbe, würde ich mich für einen Tod durch Erschöpfung entscheiden. Doch der Kampf ist noch nicht vorbei, ich taumele auf den Gipfel zu. Erst jetzt nimmt er reale Formen für mich an. Zuvor hatte ich nur gehofft, es zu schaffen, an meinen Erfolg hatte ich aber nicht geglaubt. Ich habe immer nur realistische Zwischenetappen gesehen – Etappen, die mich motiviert haben,

11. Eine schlechte Entscheidung

weiterzumachen, Etappen, die greifbar waren. Aber jetzt habe ich es tatsächlich geschafft. Ich stehe auf dem Gipfel der Ama Dablam auf 6812 Meter über dem Meer. Der Ausblick auf die umliegenden Berge überwältigt mich. Ich mache eine 360-Grad-Aufnahme mit meiner Kamera, als Beweis für die Welt – und auch ein bisschen für mich selbst. Meine Sorgen und der mir selbst auferlegte Druck, meine Schmerzen – all das fällt von mir ab. Ich werde ganz leicht und fühle mich, als ob ich schweben würde. Die Freude auf meinem Gesicht speichere ich auf einer kleinen SD-Karte ab. Mein größter Traum. Alles, was ich mir gewünscht habe, ist in Erfüllung gegangen. Ich bin durch Schweiß und Blut zu einem »echten« Bergsteiger herangereift, so wie ich es mir seit meiner Schulzeit erträumt hatte. Aber gleichzeitig wird mir auch bewusst, dass das nur der erste Schritt auf einer langen Reise ist, und in meinem Kopf plane ich bereits die nächste Besteigung. Nachdem der erste Freudentaumel verflogen ist, wird mir allerdings klar, dass ich erst die halbe Strecke hinter mir habe. Ich muss den Endgegner noch besiegen, bevor ich das Level abschließen kann. Das eigentliche Ziel ist nämlich nicht der Gipfel, sondern das Base Camp, mein Zuhause.

Ich huste wieder Blut in den Schnee. Es brennt in meinem Hals, es fühlt sich so an, als hätte ich Säure getrunken. Ich überlege kurz, ob ich das 800 Gramm schwere Filmequipment zurücklasse und nur die SD-Karte mitnehme, entscheide mich dann aber doch dagegen – es wäre Umweltverschmutzung. Ich muss jetzt schnellstens runter vom Berg. Es ist 18.36 Uhr, die Sonne beginnt unterzugehen. Mir läuft die Zeit davon. Sobald die Sonne weg ist, sinken die Temperaturen rapide und der Weg zurück in der Dunkelheit wird anstrengend und gefährlich. Dazu kommen meine Hustenanfälle, die mir zusätzlich Kräfte rauben. Ich überlege, die Fixseilreste zum Abseilen zu benutzen, doch sie sind alt und ich weiß nicht, ob die Schneeanker einer Belastung überhaupt noch standhalten würden. Also entscheide ich mich dazu, alles wieder rückwärts abzuklettern. Obwohl die Schwerkraft den Rückweg einfacher macht, dauert es eine gefühlte Ewigkeit, bis ich aus der Eiswand aussteigen kann.

Als ich tief in der Nacht die Mushroom Ridge auf 6250 Metern erreiche, setze ich mich kurz in den Schnee. Ich bin nun schon seit 24 Stunden nonstop unterwegs. Viel zu lange. Die Bedingungen waren schlechter als gedacht. Mir fallen die Augen zu. Am liebsten würde ich einfach einschlafen. Aber der Gedanke an mögliche Erfrierungen hält mich davon ab. Ich stehe wieder auf und taumele weiter. Ich befinde mich in einem äußerst gefährlichen Zustand. Alles, woran ich denken kann, ist mein Zuhause. Ich möchte so schnell wie möglich runter vom Berg und alle Strapazen hinter mir lassen. Das ist der Punkt, an dem ich leichtsinnig werde. Meine Konzentration sinkt und die Fähigkeit, komplexe Entscheidungen zu treffen, lässt nach. Ich gehe ein Vielfaches des Risikos ein, das ich während des Aufstieges auf mich nehmen würde. Beim Abstieg teilt mir mein Unterbewusstsein mit, dass ich es bereits geschafft habe, dass die Gefahr hinter mir liegt und ich nur noch den gleichen Weg zurück muss, den ich erst Stunden zuvor hochgegangen bin. Das Motto lautet: schnell. Aber rückwärts abzuklettern, ist schwierig und braucht Zeit. Um diese zu sparen, fälle ich bei der schwierigen Mixed-Passage eine irrationale Entschei-

11. Eine schlechte Entscheidung

dung: Ich benutze die alten Fixseile. Ich habe zwei Karabiner dabei. Einer ist groß genug, damit ich einen Halbmastwurf, einen Knoten, der Reibung erzeugt und normalerweise zum Sichern benutzt wird, an ihm anbringen kann. Mit diesem Knoten beginne ich, mich abzuseilen. Ich suche mir aus den bis zu fünf parallel laufenden Strängen immer das Seil aus, das mir den stabilsten und sichersten Eindruck macht. Just in dem Moment, wo ich die Seile belaste, reiße ich sie aus ihren gefrorenen Gräbern in der Wand. Ich komme dadurch wirklich schneller voran. Beim dritten Mal fühlt sich das Seil irgendwie anders an. So starr. Und dann ist da diese eigenartige Vibration. Kaum sind all diese Fakten in meinem Gehirn zusammengelaufen, spüre ich auch schon, wie es an einer Stelle zerreißt. Im nächsten Moment sehe ich nur noch den Kegel meiner Stirnlampe. Vor mir schießt rasant der Fels nach oben. Mir wird bewusst, dass ich falle. Irgendetwas ist wohl in meinem Gehirn ausgefallen, ich spüre nichts, empfinde nichts. Als ob ich im Dunkeln des Weltalls schweben würde, ganz lautlos. Ich höre nichts. Es kommt mir so vor, als ob ich mich für einen Moment aus meinem Körper lösen und alles von außen, von einer gewissen Distanz aus, betrachten würde. Ich sehe, wie die Frontalzacken meiner Steigeisen den Granit berühren. Sie sprühen Funken in die Dunkelheit und ich denke »Wow! So etwas habe ich noch nie gesehen.« Meine kindliche Neugier gewinnt für einen kurzen Moment die Oberhand und lässt alles andere verblassen. Die Angst ist ausgeschaltet. Im nächsten Moment komme ich ruckartig zum Stehen. Ich schaue nach oben und sehe, wie sich der Karabiner meiner Safe-Line verfangen hat. Ich habe auch dieses Mal meinen anderen, kleineren Karabiner in das zweitbeste Seil eingeklippt –

sicher ist sicher. Zu meinem Glück handelt es sich bei diesem um ein Dynamikseil, das sich ein wenig dehnen lässt. Zu meinem Erstaunen hat es einen dicken Knoten am Seilende. In ebendiesem ist mein Karabiner hängen geblieben. Obwohl ich geschockt bin, nehme ich das, was soeben geschehen ist, gar nicht wahr. Ich blende die Gefahr, in der ich mich befunden habe, aus. Stattdessen klettere ich einfach ein wenig höher, um das Seil, an dem ich hänge, zu entlasten und mich auszuhängen. Danach lasse ich das ausgefranste und abgerissene Ende in der Dunkelheit baumeln. Alles, was ich vor mich hin murmele, ist, dass ich jetzt vorsichtiger mit der Seilauswahl sein sollte. Gute zwei Stunden später habe ich es tatsächlich zurück ins Camp 2 geschafft. Es ist drei Uhr morgens und ich bin seit geschlagenen 27 Stunden unterwegs. Viel zu lange. Ein koreanisches Team hat in der Zwischenzeit sein Zelt auf dem Gelben Turm platziert. Es ragt ein gutes Stück über den Abgrund hinaus. Viel Platz gibt es hier wirklich nicht. Sie bereiten sich gerade auf den Gipfelaufstieg vor, als ich vor lauter Müdigkeit und Erschöpfung wie ein gefällter Baum in mein Zelt falle.

Wegen der frostigen Temperaturen drehen die Koreaner wenige Stunden später am Berg um. Das Blut, das ich ausgehustet hatte, kommt von einer Lungenentzündung und einem damit einhergehenden Lungenödem. Weil ich mir keine Versicherung für die Expedition leisten konnte, lehne ich es ab, mit dem Helikopter in das nächste Krankenhaus geflogen zu werden. Stattdessen steige ich selbst ab und bin zwei Tage unterwegs, bis ich in Lukla ankomme. Von dort nehme ich dann einen gewöhnlichen Linienflug in Nepals Hauptstadt. Drei Tage liege

11. Eine schlechte Entscheidung

ich im Krankenhaus in Kathmandu. Es ist schon seltsam: Wenn ich gescheitert wäre, hätten mich alle für einen armen Irren gehalten, aber jetzt feiert man mich als ein verrücktes Genie. Das Unmögliche scheint immer verrückt – bis man es wagt.

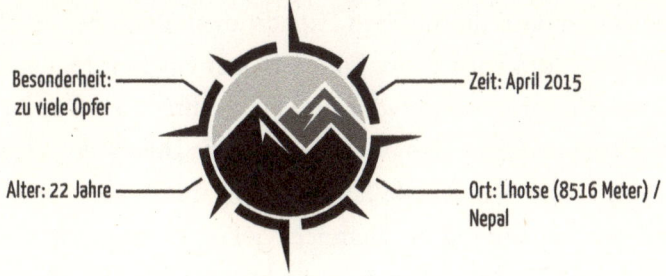

Besonderheit: zu viele Opfer
Zeit: April 2015
Alter: 22 Jahre
Ort: Lhotse (8516 Meter) / Nepal

12. Im Angesicht des Todes

Kuntal: Es ist der 25. April 2015. Leichter Schnee fällt aus den Wolken, die uns umhüllen, als unser Sherpa Mingma mich in der Früh in Camp 1, auf 6100 Metern am Everest, weckt. Ich mag eigentlich noch nicht los, aber Mingma weist mich an, dass ich mich innerhalb der nächsten Viertelstunde für den Abstieg zurück ins Base Camp fertig machen soll. Es ist warm heute, wahrscheinlich liegt das an den Wolken, die wie das schützende Glas eines Gewächshauses über uns liegen. Ich hefte mich an Keyshore, einen weiteren Inder in unserem Team. Zusammen setzen wir uns vom Rest ab und erreichen gegen 10.30 Uhr das Base Camp. Als Erstes gehe ich zum Küchenzelt und bitte die Sherpas, mir ein indisches Frühstück zuzubereiten. Gern würde ich duschen, aber es ist ein wenig zu kalt. Stattdessen ziehe ich mir ein einfaches weißes T-Shirt und eine frische Hose an und setze ich mich zu den anderen ins Küchenzelt. Während Jost und ich uns die Bilder der letzten Tage auf der Kamera ansehen und über das Wetter sprechen, trudeln nach und nach die anderen Expeditionsteilnehmer ein. Bereits am Weg zum Base Camp habe ich Jost ein paar Mal getroffen, aber er hat nie viel geredet und ich dachte mir: »Der Junge ist wohl ein bisschen arrogant.« Aber schon am ersten Tag im Base Camp muss ich feststellen, dass ich mich geirrt habe. Wir haben von Anfang an ziemlich viel Spaß zusammen. In den nächsten Tagen wollen wir ein lustiges Musikvideo zu indischer Musik drehen. Außerdem haben wir uns vorgenommen, einen unserer Freunde während einer morgendlichen Sitzung im Toilettenzelt kräftig zu erschrecken.

Auf einmal ist da dieses Schütteln. Weil ich eine Zeitlang in Kalifornien gelebt habe, weiß ich sofort, dass es sich um ein Erdbeben handeln muss. Ich laufe mit den anderen aus dem Zelt. Jost hat sein iPhone herausgeholt, um das Erdbeben zu dokumentieren. An die Möglichkeit, dass irgendetwas Schlimmes passieren könnte, denke ich in diesem Moment nicht. Es kommt mir so vor, als ob ich auf einer Riesenschaukel stehen würde. Wir lachen und nehmen die Situation gar nicht ernst. Jost wollte schon die ganze Zeit eine Lawine für sein Expeditionstagebuch filmen. Bei jedem größeren Geräusch war er mit seiner Kamera aufgesprungen. Aber er hatte kein Glück, immer hatte er die Lawinen verpasst. Darüber hatten wir uns köstlich amüsiert. Ich bin mir sicher, dass er dieses Mal eine erwischen wird. Ich schaue nach vorn in Richtung Mount Everest. Von dort kommt ein gewaltiges Geräusch, eine tiefe Vibration. Mein nächster Gedanke gilt den Menschen in Camp 1 (6100 Meter), ich sorge mich um sie. Das Camp liegt in einem Talkessel, nahe der umliegenden Wände von Nuptse und Everest.

12. Im Angesicht des Todes

Dass auch uns im Base Camp eine Lawine erreichen könnte, halte ich für ausgeschlossen. Schließlich kommt das Erdbeben zum Erliegen. Kurz darauf ist ein lautes Geräusch zu hören, vergleichbar mit einer Explosion. Auch sonst grummelt es immer wieder mal im Base Camp. Mehrmals am Tag schießen um uns herum Eis und Schnee die Felswände herunter. Lawinen gehen am Tag und auch in der Nacht ab, aber dieses Mal – das spüre ich sofort – ist es anders. Da hat sich etwas Gewaltiges gelöst. Aber es ist so bewölkt, dass man weder den Everest noch die anderen umliegenden Gipfel wie den Nuptse oder den Pumori erkennen kann. Man kann nicht wirklich ausmachen, wo die Lawine abgegangen ist, also schauen wir alle in Richtung Everest, von wo das Geräusch kommt. Plötzlich sehe ich die Menschen panisch in Richtung Everest laufen. In diesem Augenblick wird mir klar, dass das Geräusch nur vom Everest widerhallt und sich in Wirklichkeit hinter uns befindet. Das bedeutet, die Lawine kommt von hinten. Wir sind am Arsch. Wir drehen uns um und sehen diese gewaltige Wolke aus Schnee und Eis auf uns zukommen. Sie bedeckt den ganzen Himmel: links, rechts, oben, unten – die Wolke ist überall. Sie kommt mit einer unglaublichen Geschwindigkeit auf uns zu. Das Ausmaß ist so groß, dass ich mir sicher bin, dass ich gleich sterben werde. Es ist ein Moment, in dem sich all meine Ängste in Luft auflösen. Klar ist da ein wenig Panik, aber das Gefühl, das dominiert, ist Enttäuschung. Es gibt noch so vieles, was ich machen will, so viele Sachen, die ich noch nicht erreicht habe. Und jetzt soll ich sterben? Reflexartig mache ich das, was auch alle anderen tun: Ich beginne zu laufen. Ich hefte mich an Josts Fersen, der sich vor mir befindet. Ich mache das nicht, weil ich denke, dass er besonders erfahren ist und weiß, was zu tun ist, eigentlich ist es eine ziemlich dumme Idee, sich hinter ein Zelt zu schmeißen, aber mein Verstand ist ausgeknockt. Josts iPhone, das er immer noch über das Zelt hinweghält, filmt weiter. Das Zelt ist ein einfaches Plastikzelt aus Nylon, das mit einem Schlag weggefegt wird, wenn uns die Lawine erwischt. In diesem Moment schlägt sie auch schon mit voller Wucht ein. Was ihre Stärke abschwächt und uns am Ende rettet, sind ein paar größere Steinhügel auf dem Gletscher vor uns und das große Essenszelt. Gerade das Essenszelt fängt einiges von der Wucht ab. Es wird dabei vollkommen zerstört. Wären diese beiden Dinge nicht gewesen und hätten wir uns nicht in einer flacheren Ecke befunden, glaube ich nicht, dass wir überlebt hätten. Und selbst wenn jemand von uns überlebt hätte, wäre er sicherlich schwer verletzt worden. Vielleicht hätten ihm Körperteile gefehlt. Ich will es mir gar nicht ausmalen.

Die Lawine trifft uns und ich wundere mich, warum wir nicht begraben werden. Ich war noch nie in einer Lawine, aber nach allem, was ich gehört habe, dauert es nur ein paar Sekunden, bevor man in vollkommener Dunkelheit unter den Schneemassen umhergewirbelt wird. Es passiert jedoch etwas ganz anderes: Die Panik hat mir die Luft aus den Lungen gesaugt. Es fühlt sich an, als ob die Luft nur noch aus einem tödlichen Gemisch aus Stickstoff und feinen Eispartikeln bestehen würde. An diesem Punkt bin ich mir sicher, dass es nicht der Druck der Lawine sein wird, der mich umbringt. Ich werde ersticken. Ich kämpfe gegen das Gefühl an, zu Tode gewürgt zu werden. Ich ringe um Luft. Die Lawine verstärkt ihren Griff um meinen Hals. Ich versuche, mit aller Kraft zu atmen, aber ich bekomme einfach keine Luft. Meine Lungen füllen sich mit feinen Eis-

12. Im Angesicht des Todes

partikeln. So etwas habe ich noch nie empfunden. Jost kennt solche Situationen bestimmt, er war viel öfter in den Bergen als ich. Trotzdem wundert es mich, dass er jetzt nicht wie die meisten anderen nur an sich denkt, sondern mich unter seine Daunenjacke nimmt. Ohne groß nachzudenken, tue ich einfach das, was er sagt, und bekomme endlich Luft. Es ist so erlösend. Wir liegen zu dritt hinter dem Zelt. Taro war mir erst gar nicht aufgefallen. Ich liege rechts, Taro links und in der Mitte über uns ist Jost mit seiner Jacke. Unter der Jacke bilden sich kleine Luftkammern, dank derer ich atmen kann. Dann setze ich meinen Kopf wieder für einige Sekunden dem Druck der Lawine aus. Wenn ich mit dem Kopf wieder unter Josts Jacke husche, lässt der Würgegriff der Lawine nach und ich bekomme wieder Luft.

Taro: Wir haben nur drei, vier Sekunden, um vor der Lawine wegzulaufen. Intuitiv haben wir uns hinter ein Zelt geschmissen. Es blieb keine Zeit für eine rationale Entscheidung. »Kopf runter und hinlegen«, denke ich nur, während ich meine Arme schützend vor mein Gesicht halte. Rechts neben mir liegt Jost, neben ihm Kuntal. Das Zelt bietet den Naturgewalten nur wenig Widerstand. Jost nimmt mich unter seine Jacke. Er hat keine Panik, agiert souverän. Ich krieche so weit wie möglich darunter. Nicht nur, um mich vor dem Druck der Lawine zu schützen, der mir den Atem raubt, sondern auch, um mich vor fliegenden Gegenständen wie Steinen, Zeltstangen oder Gasflaschen abzuschirmen. Es ist eine richtig dicke Daunenjacke, eine, die man am Gipfeltag an einem Achttausender anziehen würde. Während mir Jost auf diese Weise Schutz gibt, liegt sein Kopf etwas höher als meiner. Das Risiko, dass er dadurch von fliegenden Gegenständen getroffen wird, steigt. Ich weiß diese Geste zu schätzen. Kuntal beginnt panisch zu werden. Ich sollte etwas Abstand von ihm halten. Wer in Panik gerät, handelt oft irrational. Das ist gefährlich. Wir reagieren in diesem Augenblick alle unterschiedlich. Im Gegensatz zu Kuntal verspüre ich nur eine leichte Panik und versuche ruhig zu bleiben. Jost dagegen ist super entspannt. Der Junge ist total verrückt. Seine Stimme wirkt wie ein freudig-aufgeregtes »Yeah!«. Verdammt, ja, er genießt das Ganze!

Ich kann nicht atmen, auch nichts denken. Als professioneller Krisenmanager sind mir Krisenregionen nicht fremd und ich bin es gewohnt, das Risiko so weit wie möglich zu minimieren. Aber das hier ist etwas anderes – hier geht es nur ums nackte Überleben. Ich versuche, die Situation so rational wie möglich zu betrachten. Trotzdem spüre ich, wie die Angst in mir hochkriecht. Wir können uns nicht bewegen und die Temperatur fällt drastisch ab. Ich warte einfach, warte, was passiert.

Als wir die Druckwelle überstanden haben, schlage ich vor, zurück zum Essenszelt zu gehen. Jetzt erst fällt mir auf, dass ich die ganze Zeit über in Sandalen gewesen bin. Mir ist kalt. Meine Zehen und Finger fühlen sich wie Eisklötze an. Aber als wir aufstehen und uns das erste Mal umsehen, können wir nur Zerstörung ausmachen. Die gesamte Umgebung ist schneebedeckt und es rieselt feinste Flocken aus dem weißen Dunst, in dem wir eingehüllt sind. Hinter uns mache ich Liam aus, der aus Australien stammt und ebenfalls den Lhotse besteigen will. Er ist von Kopf bis Fuß mit Schnee bedeckt. Er hatte sich auf

12. Im Angesicht des Todes

den Boden gelegt und seine Kapuze über den Kopf gezogen. Zum Glück lagen wir hinter dem Zelt.

Das Essenszelt ist massiv. Es besteht aus schweren Stahlstangen. Jetzt ist es komplett zerstört, plattgedrückt, so als wäre etwas Gigantisches draufgetreten. Das Zelt, das dem Italiener gehörte, wurde fortgeschleudert. Es klebt an einem Felsblock wie eine Fliege an der Windschutzscheibe. Wäre er in seinem Zelt gewesen, wäre er jetzt tot. Wie unter Beschuss laufen wir weiter und suchen nach Schutz. Wir wollen zum Küchenzelt. Mein Zelt ist ebenfalls verschwunden. Das Küchenzelt besitzt ein U-förmiges Steinfundament, das als Bank dient. Es ist das einzige, das noch einigermaßen steht. Kuntal ist mittlerweile total panisch. Er spürt seine Hände nicht mehr und Jost läuft los, um in den Überresten seines Zeltes nach Handwärmern zu suchen. In der Zwischenzeit nehme ich Kuntals Hände unter meine Achseln, um sie warm zu halten. Rundherum sieht es aus, als ob wir in einen Bombenhagel geraten wären. Nicht ein einziger Topf befindet sich noch dort, wo er vor dem Lawinenabgang war. Metall wurde verformt, Dinge wurden fortgeschleudert oder sind zerborsten. Jost kehrt mit den Handwärmern zum Küchenzelt zurück, wo wir in der Zwischenzeit notdürftig einen Kocher entflammt haben, um Kuntal, mich und die anderen, die zu uns gestoßen sind, zu wärmen. Danach verschwindet er wieder. Er will die Wärmepads beim Krankenzelt abliefern. Wir haben ein kleines Krankenhaus im Base Camp, in dem sich auch Ärzte befinden. Das Krankenzelt wird die wichtigste Anlaufstelle für die sein, die sich verletzt haben. Die ersten zwei Stunden nach dem Beben stehen wir unter

Schock. Nur allmählich lockert sich die Stimmung, indem wir über das, was passiert ist, reden und uns austauschen. Ein Sherpa des benachbarten Teams erzählt, dass jemand während des Lawineneinschlags in seinem Zelt lag. Das Zelt wurde erfasst und einige Hundert Meter über einen Vorsprung hinweggeschleudert. Der Anblick muss schrecklich gewesen sein, als man das Zelt öffnete. Die Person sah nicht mehr aus wie ein Mensch. Wer genau es gewesen ist, weiß ich nicht. Zum Zeitpunkt der Lawine waren geschätzt 700 Menschen im Base Camp. Die Kameraleute und Fotografen schmissen ihr ganzes Equipment beiseite und liefen los. Jost war der Einzige, der seine Kamera in die Lawine gehalten hat. Ich war bereits in Feuergefechten und habe Explosionen miterlebt, aber davor, wie Jost in dieser Situation reagiert hat, habe ich größten Respekt. Vielleicht verfügt er einfach über mehr Erfahrung und konnte das, was geschehen ist, schneller erfassen und auch verarbeiten. Aber ich wüsste nicht, ob ich an seiner Stelle genauso souverän gehandelt hätte.

Das Sonnenlicht nimmt ab und wir bereiten uns auf die Nacht vor. Ich sehe das zertrümmerte Duschzelt, das wie ein zertretenes Insekt auf dem Boden liegt. Die massiven Stahlbeine sind abgeknickt und verdreht. Viele meiner Teamkollegen haben Angst, dass eine weitere Lawine herunterkommen könnte. Tatsache ist jedoch, dass das erste Beben immer das schwerste ist. Die Nachbeben sind stets deutlich schwächer. Außerdem ist ein Großteil der Eismassen bereits von den Bergen geschüttelt worden. Meine Teamkollegen legen sich teilweise zu dritt in die Zelte, damit sie im Falle des Falles nicht so leicht fortgeschleudert werden können. Sie tragen ihre großen Achttausender-

12. Im Angesicht des Todes

Bergstiefel, um gegebenenfalls gleich davonlaufen können. Ich finde das übertrieben. Ich will allein im Zelt schlafen und einfach meine Ruhe haben.

Ich: Ich habe die Situation ganz anders als die beiden erlebt. Mein Körper ist wie gelähmt, als die Lawine am Horizont auftaucht. Um mich herum ist mittlerweile das Chaos ausgebrochen. Menschen laufen um ihr Leben. Laufen an mir vorbei, in alle Richtungen. Ich bin wie festgewachsen. Während sich die Lawine immer höher vor mir auftürmt, hämmert nur eine einzige Frage in meinem Kopf: »Macht es überhaupt Sinn wegzulaufen?!« Mein Gehirn stellt auf Autopilot um und sendet ein simples Signal, das sich laufend wiederholt: »Schmeiß dich hinter irgendetwas.« Ich renne los. Ein aus Stein gebauter Stupa zieht an mir vorbei. »Schmeiß dich hinter irgendetwas.« Ich lasse zwei Zelte hinter mir. »Schmeiß dich hinter irgendetwas.« Ich sehe Kuntal und Taro hinter einem Zelt hocken und springe hinzu. Ob das Zelt dieser Naturgewalt überhaupt standhalten kann, ist in diesem Moment nebensächlich. Ich kann jetzt nur noch abwarten. Wie das Sehrohr eines U-Bootes ragt die Kamera in meiner Hand über das Zelt hinweg. Sie ist auf die weiße Wand gerichtet, die sich mit einer unrealistischen Geschwindigkeit auf uns zubewegt. Unrealistisch deshalb, weil ich nicht einmal sagen kann, ob sie sich schnell oder langsam auf mich zubewegt.

Wie viel Zeit ist seit dem ersten Wackeln und jetzt vergangen? Sekunden, Minuten, Stunden? Zack! Sofort werde ich wieder aus meinen Gedanken gerissen, denn feiner Schneestaub dringt in meinen Mund und meine Nase. Ich kann kaum atmen. Es fühlt sich an, als ob ich ersticken würde. Ich bin kurz davor, in Panik zu geraten. Aber alles fühlt sich ein wenig seltsam und distanziert an, fast so, als ob ich die Kontrolle über Körper und Geist verloren hätte. Weil ich vor der Lawine gemütlich im Base Camp gesessen habe, ohne mich viel zu bewegen, habe ich zum Glück eine dicke Daunenjacke an, die ich nun als zusätzlichen Schutz über meine beiden Freunde und mich ausbreite. Für mich reine Selbstverständlichkeit. Die enorme Druckwelle wird dadurch etwas abgeschwächt. Wir ringen nach Luft und pressen zwischendurch ein »Fuck« heraus, um unserer Angst und Anspannung Ausdruck zu verleihen. Alles um mich herum beginnt zu verschwimmen. Mein Herz hämmert eine Tracht Prügel in meinen Körper. Alles um uns herum wird immer weißer. Ich habe das Gefühl, dass die Umgebung mit jedem Herzschlag pulsiert. Ich weiß nicht, was hier gerade passiert. Ich kann nicht denken. Aber ich spüre eins genau: Ich werde hier sterben. Und es macht mir nichts aus.

Mein Körper fährt ein totales Energiesparprogramm. Ich bin müde. Es fühlt sich fast so an, als ob ich kurz vorm Einschlafen wäre. Wenn ich jetzt doch einfach nur schlafen könnte! Fast bin ich so weit, dass ich dem Gefühl nachgebe, aber dann schwächt die Druckwelle ab. Innerhalb weniger Sekunden ist mein Gehirn wieder zu Höchstleistungen bereit. Alles deutet auf Entwarnung hin. Ich glaube, wir haben das Schlimmste hinter uns. Ich stoße ein freudiges »Scheiße!« aus. Trotzdem: Ich weiß immer noch nicht, was los ist. Vielleicht kommt ja noch eine zweite, deutlich stärkere Lawine mit richtigen Schneemassen auf uns zu. Das eben könnte möglicherweise nur die Druckwelle gewesen sein. Unter uns herrscht Uneinig-

12. Im Angesicht des Todes

keit darüber, was wir jetzt tun sollten. Also wiederhole ich Taros Worte laut und deutlich: »Lasst uns zum Küchenzelt gehen«, und dann stürmen wir alle gemeinsam los. Geduckt wie unter Beschuss laufen wir die Moräne hoch. Aber das massive Zelt, in dem sich die Sherpas aufgehalten haben, existiert so nicht mehr. Es ist dem Erdboden gleichgemacht worden. Die Plane, die Männer mit all ihren Kräften versucht hatten festzuhalten, ist zerrissen. Nachdem ich mich um Kuntal gekümmert habe, der in Panik geraten war und nur mit einem dünnen T-Shirt bekleidet vollkommen unterkühlt ist, mache ich mich auf zum Krankenhauszelt. In der Schule hatte ich eine Sanitätshelferausbildung absolviert. Jetzt versuche ich, so gut es geht das Erlernte einzubringen. Das weiße Zelt, das sonst so massiv wirkt, ist vorn komplett aufgerissen und mit einer leichten Schneeschicht gefüllt. Medikamente und medizinisches Material liegen überall herum. Ich verteile Wärmepads und befreie Menschen von Schnee. Die meisten, die hier ankommen, haben Kopfverletzungen. Sie wurden von fliegenden Gegenständen getroffen oder sind selbst fortgeschleudert worden. Viele von ihnen tragen leichte Kleidung und beginnen zu unterkühlen. Ich packe an, wo ich kann, und verlasse das Krankenzelt erst wieder, als meine Hilfe nicht mehr benötigt wird. Dass das heute wirklich alles passiert ist, will einfach nicht in meinen Kopf rein.

13. Besser scheitern

So gut es geht, helfe ich bei den Aufräumarbeiten mit und schieße ein paar Bilder zur Dokumentation. Ich erhoffe mir dadurch, dass das, was uns hier widerfahren ist, für uns, aber auch für andere greifbarer wird. Doch schon nach ein paar Aufnahmen fühle ich mich wie ein Katastrophentourist. Es fühlt sich falsch an. Also höre ich auf damit. Nach und nach treffen Bergsteiger aus anderen, nicht betroffenen Bereichen in unserem kleinen Camp ein. Es werden Bilder von uns geschossen. Uns kommt das mittlerweile als etwas ganz Normales vor. Taro liegt im Schnee und wühlt in den Überresten seines Zeltes nach Ausrüstung. Er ist das Lawinenopfer, das jeder fotografieren möchte. Es widert mich an. Es kommt mir respektlos vor. Ich frage mich, was diese Menschen dazu bewegt, einfach alles und jeden zu fotografieren. Ob sie darauf hoffen, Tote zu sehen, um dann mit den Bildern in ihrem Fotoalbum angeben zu können? Ein Jahr später wird mir genau das passieren. Während ich auf einer Berghütte in den Alpen in einem privaten Fotoalbum blättere, werde ich tatsächlich auf ein Foto der Leichensäcke stoßen. Jeder von uns geht mit der Situation anders um. Der Australier Liam hat sich in sein Zelt zurückgezogen. Kuntal wurde erst einmal in seinen Schlafsack gesteckt, um sich zu beruhigen. Aber mittlerweile macht auch er einen gefassteren Eindruck. Und Pema, einer der Sherpas, der während des Lawineneinschlages im Toilettenzelt hockte, lenkt sich mit Aufräumarbeiten ab. Die Toilettenzelte sind hoch und schmal. Es handelt sich bei ihnen um eine wackelige Konstruktion. Normalerweise wäre alles um ihn herum einfach nur weggewirbelt worden. Als die Lawine über uns hinwegbrach, hat sich allerdings eine größere Menschentraube hinter das Toilettenzelt geflüchtet und sich dagegengestemmt. Bis auf eine kleine Eisschicht, die sich auf ihm gebildet hat, hat Pema nichts abbekommen.

»Snowy Lhotse Expedition« und »Snowy Everest Expedition« heißen unsere Expeditionen offiziell. Jetzt lachen wir über den Schnee. Es ist unsere Art, um das Erlebte zu verarbeiten. Nicht über die Katastrophe freuen wir uns, es ist die Freude darüber, noch am Leben zu sein. Während es Abend wird, sitzen wir im notdürftig hergerichteten Küchenzelt. Es ist das erste Mal, dass Sherpas und Bergsteiger gemeinsam das Abendessen einnehmen. Es ist ein besonderer Moment, der alle kulturellen Grenzen überwindet und uns zusammenrücken lässt. Einige Expeditionsteilnehmer wollen die Nacht nicht allein verbringen und beschließen, sich ein Zelt zu teilen. Ich hingegen lege mich allein schlafen. Auch wenn von meinem bisher genutzten Zelt nicht mehr viel übrig ist. Mein Ersatzzelt wird schon nicht

13. Besser scheitern

davonfliegen, bin ich mir sicher. Für alle Fälle treffe ich eine Vorsichtsmaßnahme. Ich stülpe mir zum Schlafen einen Kletterhelm über. Immerhin sind von den 18 Menschen, die heute ihr Leben gelassen haben, die meisten an Kopfverletzungen gestorben. Der Helm gibt mir ein Gefühl von Sicherheit und ich kann mich deutlich besser entspannen. Es fällt mir schwer, mir einzugestehen, dass die Expedition vorbei ist. Ich habe mich ein Jahr lang darauf vorbereitet, habe Sponsorengelder gesammelt und am Ende selbst noch ein wenig Geld dazugelegt. Die Hauptkosten werden von Sponsoren getragen. Dahinter stecken Menschen, die an mich glauben und mir helfen wollen, meinen Weg zu gehen. Jetzt fühle ich mich schuldig. Ich habe so große Unterstützung erfahren, kann aber nichts davon zurückgeben – und das obwohl ich nichts mehr will, als auf diesen Berg zu steigen. Mein Traum ist zum Greifen nah und es fällt mir unendlich schwer, ihn einfach so loszulassen. Ich muss davon ausgehen, dass die Expedition nicht mehr stattfinden wird. Langsam hüllt mich die Dunkelheit ein. Ich versuche einzuschlafen. Aber es gelingt mir nicht. Zu viele Gedanken wirbeln durch meinen Kopf. Ich muss an den Flop denken, den ich im letzten Sommer bei der Expeditionsvorbereitung für den Lhotse erlitten habe. Der Gedanke daran bereitet mich darauf vor, zu akzeptieren, dass aus der Expedition zum Gipfel nichts werden wird.

Spitzbergen, August 2014: Das kleine Schiff legt unter starken Vibrationen und mit lautem Getöse an. Schnell laufe ich zur Brücke und schnappe mir mein Gewehr. Ich verabschiede mich vom Kapitän und während ich die ersten Schritte an Land mache, lade ich das Gewehr durch. Weichkernmunition, die sich im

Körper zerteilt und maximalen Schaden anrichtet. Wenn man in Spitzbergen ist, gehören Gewehr und Munition zur Grundausstattung, man weiß nie, ob und wann man auf einen Eisbären treffen könnte. Gerade in der Sommerzeit kommt es vor, dass Eisbären den Kontakt zum Treibeis verlieren. Um Nahrung zu finden, begeben sie sich dann auf lange Wanderungen. Unter Umständen treffen sie dann mit großem Hunger auf einen Menschen. Deshalb ist ein Zusammentreffen zwischen Bär und Mensch immer eine heikle Situation. Nähert sich ein Eisbär, feuere ich Knallkörper mit meiner Signalpistole in die Luft. Die sind lauter als ein Gewehrschuss, wie kleine Granaten explodieren sie mit einem Blitz in der Luft. Auch das Eis, auf dem die Eisbären einen Großteil ihres Lebens verbringen, kann sehr lautes Knacken erzeugen. Lässt er sich von dem Krach nicht beeindrucken, soll ich ab einer Distanz von 30 Metern scharf schießen. Ich muss sogar gezielte Todesschüsse abgeben, weil es in einer solchen Situation um mein Überleben geht. Vor einem Eisbären kann man nicht einfach davonlaufen. An Land bringt er es auf Kurzstrecken auf bis zu 40 Stundenkilometer. Aber Eisbären begegnet man zum Glück sehr selten. Wir versuchen auch, den Kontakt so gut es geht zu vermeiden – nicht nur aus Sicherheitsgründen, sondern schlichtweg deshalb, weil wir diejenigen sind, die in ihren natürlichen Lebensraum eindringen. Es ist die Welt der Eisbären, wir sind die Störenfriede in ihrem Reich.

Unser Ziel ist Tarantellen, eine imposante Verwitterungsformation am Rande einer Region, die man ohne Genehmigung betreten kann und Area Ten heißt. Ich bin mit der jungen Journalistin Bettina Rehmann unterwegs. Sie soll mit ihrer

13. Besser scheitern

Kamera dokumentieren, wie wir einen abgelegenen Felsturm erstmals besteigen. Unsere gemeinsame Reise beginnt in Pyramiden, einer russischen Geisterstadt. Der Name leitet sich von dem pyramidenförmigen Berg ab, an dessen Fuß die Siedlung liegt. Früher haben hier um die tausend Menschen gelebt. Eine Minenstadt mit Schwimmbad, Turnhalle und eigenem Kohlekraftwerk. Nach dem Zusammenbruch der Sowjetunion rentierte sich der arktische Kohleabbau unter den veränderten Bedingungen nicht mehr, der Abbau wurde eingestellt und die Menschen zogen fort. Wir lassen die stillen, teils verfallenen Gebäude hinter uns und bewegen uns am Fjord entlang. Es sind nur etwa 45 Kilometer, die wir zurücklegen müssen, doch 45 Kilometer im arktischen Sommer können viel sein. Trotzdem schaffen wir es, noch vor Sonnenuntergang wieder zurück zu sein. Das ist aber auch nur möglich, weil es auf diesen Breitengraden von Mitte April bis Ende August nur Tag ist. Innerhalb dieses Zeitraums geht die Sonne nämlich nicht unter. Schwer beladen starten wir unsere kleine Expedition. Im Gepäck befindet sich nicht nur ein 60-Meter-Seil, sondern auch jede Menge Klettermaterial, um die Route abzusichern. Neben den gefriergetrockneten Mahlzeiten hat es sogar noch für etwas Luxus in Form einer Espressomaschine für unseren Gaskocher gereicht. Da darf bester italienischer Kaffee natürlich nicht fehlen. Zwei Tage lang quälen wir uns durch matschige Tundra, auf der das Wasser auf dem Permafrostboden steht, und waten in Neoprensocken – damit uns die Zehen nicht erfrieren – und in Sandalen – damit die Socken nicht von unten durchlöchert werden – durch eiskalte Flüsse, bis wir uns schließlich durch den Schotter der Gletschermoränen wühlen. Wir leiden still und jeder für sich. Irgendwann gelangen wir auf den Gipfelgrat eines überdimensionalen Hügels und können auf der Karte unseren Standort gut abschätzen. Die Richtung scheint zu stimmen. Dann ragt aus dem Dunst der Wolken etwas Großes hervor. Es ist das mystische Gebilde, nach dem wir die ganze Zeit gesucht haben. Der Felsturm ist wunderschön und zieht uns gleich in seinen Bann. Wären die Wikinger bis zu diesem Punkt vorgedrungen, hätten sie ihn bestimmt zu einer Kultstätte gemacht. Ich spüre den Zauber, der über diesem Ort liegt. Beeindruckt stehe ich unter dem hohen Turm aus Stein, der auf drei sich ausspreizenden Säulen, ähnlich den Füßen einer Spinne, etwa 50 Meter in den Himmel ragt. Diese Säulen wurden von Wind und Wetter rundgeschliffen, sind jedoch massiv wie die Pfeiler einer Kathedrale. Sie verleihen dem Ganzen etwas Übernatürliches und trotzen seit Jahrtausenden den harten Bedingungen der Arktis.

Von Spitzbergen hatte ich das erste Mal auf meiner Reise zum Mont Blanc gehört. Eine Couchsurfing-Gastgeberin erzählte mir davon. Bis dahin war die zu Norwegen gehörende Inselgruppe im Arktischen Ozean ein blinder Fleck auf meiner persönlichen Landkarte gewesen. Spitzbergen schien perfekt auf mich und meine Fähigkeiten zugeschnitten zu sein: Wie ich mit einer Waffe umgehe, habe ich bei den Gebirgsjägern gelernt, und mit den Bergen und den kalten Temperaturen kam ich schon vorher gut zurecht. Also bewarb ich mich einen Monat später als Tourguide. Damals war ich 20 Jahre alt. In Spitzbergen darf man normalerweise erst ab 21 als Tourguide arbeiten. Aber weil ich für mein Alter bereits über reichlich Erfahrung verfügte, machte man bei mir eine Ausnahme. Ich arbeitete anfangs für Kost und Logis für ein deutsches Unternehmen und

13. Besser scheitern

lebte auf einem Campingplatz. Der eigentliche Verdienst war nur ein kleines wöchentliches Taschengeld. Zusammen mit Tobias, einem Biologen, studierte ich nicht nur die Berge und Touren der Umgebung, sondern auch die Flora und Fauna von Spitzbergen genauestens ein. Seine große Begeisterung für die kleinen und widerstandsfähigen Pflanzen dieser Gegend sprang schnell auf mich über. Zunächst waren wir die einzigen beiden Guides, die für das Unternehmen tätig waren. Nach etwa einem Monat begann ich, nebenbei noch im Hafen zu arbeiten und die großen Schiffe an- und abzuleinen. Mit der Zeit jobbte ich für immer mehr norwegische Touranbieter als Freelancer. Am Ende der dreimonatigen Saison war ich für fünf Firmen insgesamt tätig und habe, je nach Auftrag, pro Tour umgerechnet 20 bis 40 Euro die Stunde verdient. Das Leben auf der Inselgruppe ist extrem teuer. Deshalb lebte ich so asketisch wie möglich und verzichtete beispielsweise auf Milch, die dort bis zu vier Euro pro Liter kosten kann. Cornflakes mit Wasser tun es schließlich auch. Ich wollte das Geld für meine geplanten Expeditionen nach Kirgisistan und Nepal sparen. Die Jobs, die ich zu Beginn der Saison angenommen hatte, waren zwar schlechter bezahlt, waren aber weitaus interessanter als das, was man während der Saison machen muss. Manchmal konnte ich mit dem Speedboot und einem Geologentrupp weit hinaus ins Fjordsystem fahren, wo wir ein Base Camp errichteten und eine ganze Woche – abgeschirmt von allem – in der Wildnis unterwegs waren. Schon da war mir die Insel ans Herz gewachsen. Für mich stand fest, dass ich auch in den folgenden Sommermonaten nach Spitzbergen kommen würde, um den Menschen diese einzigartige Umgebung zu zeigen und selbst auf Erkundungstouren gehen zu können. Außerdem hatte ich von einem magischen Felsturm gehört. Näheres erfuhr ich allerdings nicht. Niemand konnte mir sagen, ob er bereits erklommen wurde oder nicht. Alles, was ich zu Gesicht bekam, waren ein paar Fotos aus dem Helikopter. Aber die reichten aus, um mich in den Bann zu ziehen. In dieser Region ist es nicht so einfach, soliden Fels zu finden. Der Felsturm erfüllte alle Voraussetzungen, nach denen ich suchte. Tobias war ebenfalls fasziniert und so beschlossen wir, das Projekt im nächsten Sommer gemeinsam in Angriff zu nehmen. Dann machte uns aber seine Arbeit auf der Forschungsstation einen Strich durch die Rechnung. Es mussten einfach noch zu viele Proben vom Gletscher mikroskopiert werden und er musste absagen. Und so kam Bettina ins Spiel, die von meinem Plan gehört hatte und gern ein Porträt über mich machen wollte. Um die Tour zu dokumentieren, kam sie extra nach Spitzbergen geflogen. Glücklicherweise verfügte sie über Klettererfahrung.

Die Felsqualität ist viel schlechter, als ich erwartet habe. Langsam drücke ich mich den 90 Grad steilen Bruchhaufen hinauf. Wie kann etwas so Schönes nur so bröselig sein? Es ist bereits mein zweiter Anlauf. Die erste Route, die ich versucht hatte, war sogar noch brüchiger gewesen. Ich presse mich in einen Spalt hinein. Steine krachen nach unten. Eine mobile Sicherung, die ich zuvor gesetzt habe, zersprengt den Felsen allein schon aufgrund der Seilzugkraft. Die Sicherung rutscht nutzlos am Seil hinunter. Eine scheppernde Warnung, dass hier nichts halten wird. Die Route an sich hält viele Griffmöglichkeiten bereit, aber ich weiß einfach nicht, welche Sicherung und welche Griffe der Belastung standhalten und welche nur den Anschein machen. Bettina steht am Wandfuß und sichert

13. Besser scheitern

mich. An Positionen, bei denen ich sicher stehen kann, knipst sie ein paar Bilder. Nach etwa 30 Metern erreiche ich einen kleinen Zacken. Ich wickele das Seil um den stabil wirkenden Stein wie um einen Baum und beginne Bettina nachzusichern. Die Tour zieht sich noch weitere 20 Meter vertikal in die Höhe. Ich mache mich daran, weiter vorzusteigen. Aber weit komme ich nicht. Es gibt einfach keine Möglichkeit, sich im verschlossenen Fels abzusichern, nichts hält. Aus Bettinas Blick lese ich: »Du hast 'ne Schraube locker«, dann schlägt sie vor, umzukehren. Aufzugeben kommt aber nicht in Frage. Ich muss es zumindest versuchen, sonst war die weite Reise umsonst. Es muss funktionieren! Ich schiebe mich weiter nach oben. Plötzlich bricht der Fels mitsamt dem Griff in meiner Hand aus der Wand. Ich verliere die Balance. Uaaahhhhhh ... Beinah wäre ich gestürzt. Bettina schreckt hoch und schüttelt nur den Kopf. Ich atme langsam aus. Story hin, Story her, es fühlt sich nicht richtig an, was ich hier tue. Ich weiß, dass ich es irgendwie schaffen könnte, aber ich habe Angst davor zu verunglücken. Zuerst hatte ich geglaubt, ich könnte einfach auf den Felsen raufspazieren. Welche Risiken sich hinter einer schlechten Felsqualität und einer nicht vorhandenen Rettungskette verbergen – wir haben nicht einmal ein Satellitentelefon mitgenommen –, habe ich ausgeblendet. Ich breche den Versuch ab.

Wir packen zusammen und treten den Weg zurück zu unserem Camp an. Der Gedanke, doch noch einen kletterbaren Weg nach oben zu finden, lässt mich trotzdem nicht los. Ich kann mich nicht einfach umdrehen und Augen und Ohren verschließen. Ich spüre, wie mich der Berg regelrecht festhält und nach mir ruft. Es ist noch zu früh, um aufzugeben und zu scheitern.

Ich habe es für machbar gehalten, also muss es auch machbar sein. Ich muss einfach mehr geben, es noch mal zu versuchen. Ich möchte meine Angst besiegen. Auch Bettina ist davon überzeugt, dass es an einer anderen Stelle am Turm mit dem Aufstieg klappen könnte. Sie ist zum ersten Mal in der Arktis und entdeckt fortlaufend neue, aufregende Dinge wie einen großen Gletscherbach, Tierspuren oder Fossilien. Dass sie sich so darüber freut, motiviert mich und macht die ganzen Strapazen erträglicher. Es ist schön, wenn man solche Momente miteinander teilen kann, egal ob sie gut oder schlecht sind. Erneut nehmen wir den ganzen beschwerlichen Weg zum Felsen auf uns. Ein Weg, bei dem meine Füße bei jedem Schritt, den ich hinaufsteige, wieder einen halben zurückrutschen, und das alles mit einer schweren Waffe auf dem Rücken und jeder Menge Kletterausrüstung im Gepäck. Auch wenn ich wieder scheitern sollte, ich will zumindest besser scheitern!

Ich habe viel aus den ersten zwei Fehlschlägen gelernt. Mein erlangtes Wissen will ich nun gezielt beim dritten und endgültigen Versuch anwenden. Dieses Mal schaue ich mir das Gebilde ganz genau an. Ich versuche es an einer anderen Stelle. Es gibt einen Riss, der sich nach oben zieht. Dort ist es sogar möglich, eine Zwischensicherung zu setzen, der ich zumindest zu 70 Prozent vertrauen kann. Nach nur 15 Metern hänge ich in einem Überhang fest. Die Felsqualität ist miserabel. Ich muss eine Entscheidung treffen. Gehe ich auf Risiko und klettere weiter oder lasse ich die Angst wieder Oberhand gewinnen und gebe auf? Zwei Stunden lang hänge ich in dieser lächerlichen Höhe und führe einen Kampf mit meinen inneren Dämonen, die eine schöne Geschichte über diese ungewöhnliche

13. Besser scheitern

Besteigung veröffentlicht haben wollen. Bettina steht unten und friert im arktischen Wind. Auch sie fragt sich, wie es weitergehen soll. Wenn die gelegte Sicherung nicht hält, werde ich ihrer Einschätzung nach auf dem Boden aufschlagen. Aber ich solle selbst entscheiden, ruft sie zu mir hoch. So schwer es mir fällt: Ich weiß, dass eine Rettungsaktion am Rande der Arktis, tief in der Wildnis, sehr aufwändig und schwierig ist. Ein kleines Problem kann in dieser Gegend sehr groß werden. Ich entscheide mich erneut für die Sicherheit und drehe um. Was ist ein weiterer Gipfel schon wert, um dafür eine Verletzung in Kauf zu nehmen, die mein gesamtes Leben beeinträchtigen könnte? Ich habe alles gegeben und zu meinem Erstaunen habe ich dieses Mal den *Point of no Return* nicht überschritten. Ich habe es tatsächlich geschafft, besser zu scheitern! Hinzu kommt, dass ich nun von drei Wegen weiß, die nicht funktionieren. Sollte ich je wiederkommen, wird mir diese Erfahrung einen gewaltigen Vorsprung geben. Zu versagen ist für mich nicht länger das Gegenteil von Erfolg, es ist ein Teil von ihm.

Zurück in der Forschungsstation erfahren wir, in welcher Gefahr wir uns befunden haben. Während unserer Abwesenheit hatte sich ein Eisbär vor die Stationstür gelegt, der Weg nach draußen – und somit auch zur Toilette – war eine Woche lang versperrt. Nachdem der Eisbär die Marzipanvorräte geplündert und einen Einbruchversuch durchs Fenster unternommen hatte, haben sie ihn mit Knallkörpern verjagt. Er floh direkt in unsere Richtung. Er muss an uns vorbei zur polnischen Forschungsstation auf der anderen Seite des Fjordes gelaufen sein. Die haben ihn dann wieder zurück in die andere Richtung gejagt und so ging das Eisbären-Pingpong munter hin und her.

Unsere Chance, auf einen hungrigen Eisbären zu treffen, war also relativ hoch. Dass wir ihm nicht über den Weg gelaufen sind, lag vermutlich daran, dass wir nach dem ersten gescheiterten Versuch noch mal für einen zweiten zum Berg umgekehrt sind. Ich bin niemand, der lange im Voraus plant und auf die perfekten Bedingungen wartet, die sowieso nie eintreffen werden. Ich trete lieber gleich in Aktion. Ein akribisch ausgearbeiteter Plan kann funktionieren, aber es kann immer etwas Unvorhergesehenes passieren. Mein Lebensmotto hat sich in Spitzbergen geformt: Just go for it! Das waren auch die Worte eines Mädchens, das ich hier kennengelernt hatte. In einem Moment des Zögerns meinerseits sagte sie »Just go for it« – wir haben schlussendlich eine romantische Nacht zusammen verbracht.

Zögern ist im Grunde nur eine Ausrede, mit der man sich selbst belügt. Packt man etwas gleich an und hält sich nicht lange mit Planungen auf, kann es einem aber auch passieren, dass man sich verrennt. Ich bringe unglaublich viel Energie und Begeisterung für Dinge auf, die mir Spaß machen. Aber mit meiner ungestümen Art fliege ich auch häufig genug auf die Schnauze. Mein Ziel ist es, beides zu sein: Planer und Macher. Ich möchte lernen, das Scheitern in meine Planungen mit einzubeziehen, genau wie in der Wissenschaft, wo es wichtig ist, Experimente zu machen. Experimente können immer fehlschlagen. Dessen muss ich mir noch stärker bewusst werden. Auch, dass aus Rückschlägen Wissen resultiert. Wissen, das einem einmal von Nutzen sein kann. Verlierer hören auf, wenn sie scheitern. Gewinner scheitern, bis sie Erfolg haben. Auch ein Wissenschaftler wird alles versuchen, bis er eine Lösung für sein Prob-

13. Besser scheitern

lem gefunden hat. Wenn ich den Fels das nächste Mal in Angriff nehme, werde ich besser vorbereitet sein. Ich war losgezogen und es hat nicht geklappt – aber wenn ich nicht losgezogen wäre, dann hätte ich all das nie erfahren. Ich wäre gescheitert, bevor ich überhaupt angekommen wäre. Allein das herausgefunden zu haben, ist ein größerer Erfolg, als es die Besteigung je hätte sein können.

> Der Kreis des Lebens ist ein nie endender Lernprozess. Meine Fehlschläge sind wichtige Bausteine im Fundament für weitere Expeditionen. Aus Fehlern lerne ich am besten. Im ersten Moment fühlte sich die erfolglose Besteigung des Lhotse nach Scheitern an. Ich hatte so viele Mühen und Ressourcen in ein Ziel investiert, das ich um Kilometer verfehlte. Aber viele kleinere Fehlschläge zuvor hatten mich auf dieses große Scheitern vorbereitet. Daher kann ich das Ergebnis jetzt aus einer rationaleren Sicht betrachten: Auch wenn ich keinen Berg bestiegen habe, geht es mir gut. Nachdem ich dem Tod so nah war, weiß ich mein Leben jetzt viel mehr zu schätzen. Ich bin erfolgreich gescheitert.

Zeit: April 2015

Besonderheit: 1 Erkenntnis, die alles verändert

Alter: 22 Jahre

Ort: Lhotse

(8516 Meter) / Nepal

14. Dark Night of the Soul

Es ist der Morgen des 26. April 2015, der Tag, nachdem die Lawine im Everest Base Camp eingeschlagen ist. Weil das Wetter gestern so schlecht war, konnte der Helikopter nicht starten und somit konnte auch nicht die medizinische Versorgung anlaufen. Ich höre, dass vier Menschen die Nacht nicht überlebt haben, sie sind an den Folgen ihrer Verletzungen verstorben. Jetzt schwirren die Helikopter wie fleißige Bienchen über uns in der Luft. Das Base Camp gleicht einem Schlachtfeld. Ich will mir die Füße vertreten, entferne mich vom Camp und bleibe vor einer etwa acht Meter hohen Klippe stehen. Im Eis mache ich eine rote Färbung aus – Blut. Über den ganzen Boden ist Ausrüstung verstreut. Ich setze mich etwas abseits auf einen Stein, der aus dem Eis ragt. Er wird von der Sonne beschienen und ist warm. Ich höre ein bisschen Musik, während ich auf meinem iPhone auf folgenden Eintrag in meinem digitalen Expeditionstagebuch stoße:

Tagebuch, 18. April 2015

Ich habe mich die ganze Zeit unwohl gefühlt, aber heute bin ich den Eisfall fast hochgeflogen. Ich habe die Höhe nicht mehr ganz so stark gespürt – meine Kopfschmerzen waren weg. Auch meine verlorengeglaubte Stirnlampe ist wieder aufgetaucht. Mit einem Mal scheinen sich alle Probleme von selbst zu lösen. Ich fühle mich plötzlich so stark und mein Traum scheint greifbar nah. Aber ich spüre auch eine Schwere, die auf mir lastet. Kann ich eine so große Aufgabe allein bewältigen? Ist das realistisch? Heute habe ich mir den Film »Sieben Jahre in Tibet« mit Brad Pitt in der Hauptrolle angesehen. Ich habe mich ein bisschen wie die Hauptfigur gefühlt – Heinrich Harrer, der als Erster die Eiger-Nordwand bestiegen hat, war ein Einzelkämpfer. Er ließ seine schwangere Frau zurück, weil er Angst vor der Verantwortung hatte, Ehemann und Vater zu sein. Als Brad Pitt im Film einer tibetischen Frau von dem erzählt, was er alles erreicht hat, erklärt ihm diese, dass in der tibetischen Kultur nicht das Ego im Vordergrund stehe, sondern dass entscheidend ist, dass man sein Leben nur für sich selbst und nicht für die Anerkennung anderer lebt. Dieselbe Frau ist es auch, die ihm in einer anderen Szene wissen lässt, dass sie spüre, dass er in sich selbst sehr einsam sein muss. Diese Sätze geben mir zu denken. Ich glaube, dass ich ähnlich wie Harrer handele. Vieles dreht sich in meinem Leben um Erfolg und Anerkennung. Ich frage mich, ob ich einsam bin in mir. Ich weiß, dass ich auf der Suche nach meiner Bestimmung bin, und ich habe Angst davor, eine Richtung einzuschlagen, die die falsche sein könnte. Diese Angst lähmt mich. Ich weiß nicht, was falsch und was richtig ist. Wäre ich mir zu hundert Prozent sicher, dass ich Medizin studieren will, wäre alles viel einfacher. Dann könnte ich mir sicher sein, dass es sich lohnt, sich komplett darauf

14. Dark Night of the Soul

zu konzentrieren. Aber ich bin mir eben nicht sicher, ob dieser Weg mich wirklich glücklich machen würde. Ich habe Angst davor, kostbare Lebenszeit für einen falschen Pfad zu verschwenden. Gleichzeitig habe ich jedoch auch Angst davor, dass der Pfad, auf dem ich mich jetzt fortbewege, in die falsche Richtung führt.

Ich stecke mein iPhone wieder zurück in die Tasche. Während ich durch das Base Camp schlendere, muss ich noch einmal an den Film denken. Ein Film, der die essenziellen Fragen des Lebens aufwirft: Wer bin ich und was möchte ich? Das, was in den letzten 20 Stunden geschehen ist, habe ich bewusst verdrängt. Aber nun brechen die Gefühle und Emotionen auf und reißen meine Firewall nieder. Es gibt nicht diesen einen Tropfen, der das Fass zum Überlaufen bringt. Es sind die Tausenden davor, die dieses Gefühlschaos in mir auslösen. Noch nie habe ich mich in einer Situation befunden, in der ich restlos davon überzeugt war, sterben zu müssen. Zwar hatte ich am Pik Lenin kurz Todesangst, als mich der Sturm in Richtung Abgrund drängte, aber die Situation erstreckte sich über mehrere Minuten. Ich hatte bereits ein paar Minuten überlebt. Folglich signalisierte mir mein Unterbewusstsein, dass ich auch ein paar weitere überleben würde. Meine anderen Nahtoderfahrungen waren dagegen zu kurz. In Momenten, in denen das Seil reißt und man fällt oder in denen plötzlich ein Auto vor einem auftaucht und einen beinah überfährt, ist keine Zeit, um groß nachzudenken. Man reagiert ganz automatisch. Der Körper stellt auf Autopilot. Es ist fast so, als wäre das Denken nicht effizient genug. Es dauert zu lang, bis das Signal erst mal im Kopf ankommt und dort verarbeitet werden kann. Ich funktioniere dann wie ein Computer und treffe keine bewussten Entscheidungen. Die Berechnungen laufen einfach ab und werden innerhalb von Sekundenbruchteilen ausgeführt. In Situationen, die ich nicht erfassen kann, bin ich wie ein Passagier in einem führerlosen Zug. Ich erlebe zwar, was passiert, kann aber keinen Einfluss darauf nehmen, weil mein Gehirn die gesendeten Daten nicht erkennen kann. Error.

Diese Erfahrung eröffnet mir eine ganz andere Selbstwahrnehmung. Es ist, als ob ich zum ersten Mal mein wirkliches Ich sehen würde. Jemanden, der unabhängig und frei sein möchte. Das, was ich zuvor wahrgenommen habe, war vielmehr mein Alter Ego, das genau danach gehandelt hat, was die Gesellschaft von mir verlangt hat. Mein Selbstbild beginnt zu zerbersten und aus den Tiefen meines Unterbewusstseins brechen Inhalte hervor, die Risse in mein Alter Ego ziehen. Plötzlich kann ich alles von außen und aus einer anderen Perspektive betrachten. Ich nehme nur noch die reinen Fakten wahr. So gehe ich auch in Notsituationen vor und habe dadurch schon viele Probleme lösen können.

Es ist das erste Mal, dass ich in einem Konflikt zu dem stehe, was man von mir erwartet, was sich gehört. Dass ich mich angepasst habe, war mir nicht bewusst. Ob es die guten Schulnoten oder die wilden Bergbesteigungen waren – ich war immer nur auf der Suche nach dem, was sich jedes Kind wünscht: Liebe und Anerkennung. Beides habe ich nicht in dem Ausmaß erfahren, wie ich es mir gewünscht hätte, aber wenn ich bedenke, unter welchen Umständen meine Eltern aufgewachsen sind und wie ich selbst aufgewachsen bin, kann ich sehr gut nachvollziehen, warum ich so sehr auf der Suche

14. Dark Night of the Soul

nach Liebe war. In meiner Jungend war ich nie lange ohne Freundin gewesen. Ich wollte und konnte einfach nie allein sein. Auf diese Weise habe ich versucht, das zu kompensieren, was ich mir eigentlich von meinen Eltern gewünscht hätte. Diese Distanz zu überwinden und einen Schritt aufeinander zuzugehen, war zu schwer für mich. Dem Ganzen auszuweichen, schien mir der einfachere Weg zu sein. Ich wollte dazugehören. Also habe ich versucht, ein anderer zu sein. Einer, der mehr dem Ideal entspricht, beliebt ist und den man insgeheim bewundert. Ich wollte Anerkennung. Deshalb stand für mich auch schnell fest, dass ich Medizin studieren will. Damit konnte jeder etwas anfangen. Gleichzeitig habe ich mich hinter diesem Ideal versteckt. Es fungierte als Schutzschild, das mich vor Angriffen und Verletzungen bewahren sollte. Bis zu einem gewissen Punkt stimmte meine Selbstanpassung auch mit meinem Selbstbild überein. Ich habe mich immer als zukünftigen Arzt gesehen. Doch der Lawineneinschlag hat einen Denkprozess in mir in Gang gesetzt. Ich begreife, dass sich mein Ideal schon viel zu lange im Konflikt mit meinem eigentlichen Wunsch befindet, Hochtouren zu machen und Berge zu besteigen. Um etwas zu gelten, muss man studieren. Aber was wird dann mit meinem Traum? Oder soll ich mich aufs Bergsteigen konzentrieren? Sicherheit hätte ich dann aber keine. Wie ich es auch drehe und wende, egal, wie ich mich entscheide – es scheint, als würde ich immer einen Kompromiss eingehen müssen. Aber ich will keine Kompromisse mehr eingehen!

Es steht also fest: Ich werde nicht Medizin studieren. Noch wehrt sich mein Alter Ego und macht mir Vorwürfe, doch es wird lernen, meine Entscheidung zu akzeptieren. Alles Weitere wird sich daraus ergeben. Darauf vertraue ich. Mit einem Mal erscheint alles so simpel. Im Angesicht des Todes habe ich erkannt, wo ich stehe, und ich begreife, wie ich mich selbst und mein Leben verändern kann. Erst jetzt wird mir bewusst, was mein Leben bestimmt hat, aber auch, was es ausmacht. Ich blicke zurück und sehe die Welt, all die Liebe und das Schöne, das ich mir gar nicht bewusst gemacht hatte. Was ich fühle, ist Dankbarkeit – tiefe Dankbarkeit für alles, was ich erleben durfte. Nicht jeder hatte so viel Glück wie ich.

Besonderheit:
unerträgliche Kopfschmerzen

Zeit: August 2011

Alter:
gerade 19 Jahre geworden

Ort: Kenia

15. Das Tor zur Welt

Es ist so weit, wir machen uns bereit, das Base Camp zu verlassen. Noch sind nicht alle restlos davon überzeugt, dass die Expeditionen auf den Mount Everest und den Lhotse abgebrochen werden. Vielen fällt es schwer, diese Tatsache zu akzeptieren, schließlich sind es Lebensträume, die man sich mit Einsätzen von bis zu 80.000 US-Dollar erfüllen wollte und die sich nun in Luft auflösen. Das jahrelange Training war umsonst und so mancher hat sich vielleicht auch mit wilden Geschichten bei Freunden und Sponsoren selbst unter Leistungs- und Erfolgsdruck gesetzt. Ich für meinen Teil habe mit der Situation meinen Frieden geschlossen. Es ist ein sonniger Tag, doch es hat sich ein Halo gebildet, ein kreisförmiger Regenbogen um die Sonne, das Wetter wird also schon bald umschlagen. Mingma, der Sirdar und damit der Leiter der Sherpas, erklärt uns, dass wir alle in die tiefer gelegene Ortschaft Dingboche auf 4340 Meter absteigen werden, um dort den kommenden Sturm abzuwarten. Sobald die anderen Expeditionen ihre Besteigung wieder aufnehmen, so verspricht er, würden auch wir wieder ins Base Camp zurückkehren. Mir ist natürlich klar, dass es nicht geschehen wird. Aber vielen anderen, die es noch nicht wahrhaben wollen, macht es den Abschied leichter. In dieser Ausnahmesituation geht es aber nicht nur um uns, das Base Camp und unsere Lebensträume. Das Beben hat im ganzen Land heftige Verwüstungen angerichtet. Wir müssen den Sherpas die Möglichkeit geben, ihre Familien, die in Not geraten sind, zu unterstützen und um die Verstorbenen zu trauern. Im ganzen Land sind Tausende von Menschen ums Leben gekommen. Sie wurden unter dem Schutt ihrer Häuser begraben. Es ist Glück im Unglück, dass wir uns zum Zeitpunkt des Bebens im Base Camp befunden haben. Manche Teile des Landes hat es deutlich stärker als uns getroffen. Im Gegensatz zu vielen anderen haben wir hier auf über 5000 Metern immer noch das Nötigste, um die nächsten Tage überleben zu können. Wir sind nicht in Not. Wir leben. Insofern ist es richtig, dass wir zu Fuß absteigen werden. Zwar würde unsere Versicherung für einen Helikoptereinsatz aufkommen, aber die lebensrettenden Maschinen werden anderswo dringender gebraucht. Hoch oben am Berg sitzen zum Beispiel noch ein paar Hundert Sherpas und Bergsteiger fest. Die einzige Route hinunter ist der Khumbu-Eisfall, der jedoch durch das Beben zusammengestürzt ist. Die ohnehin schon fragilen Eistürme sind eingebrochen und auf die Route gefallen. Die verlegten Leitern und Seile sind nicht mehr brauchbar und die Lawinengefahr ist durch Nachbeben enorm gestiegen.

15. Das Tor zur Welt

Das Base Camp bietet einen bizarren Anblick: Viele, viele Menschen strömen in einer einzigen Kolonne aus dem Camp. Das Ganze gleicht einer Flucht, bei der viele Dinge zurückgelassen werden. Wertvolle Ausrüstungsgegenstände und Daunenanzüge liegen verstreut auf dem Boden. Hier und da liegt ein einzelner Schuh im Schnee. Einige Sherpas haben sich daran gemacht, die Ausrüstung aufzusammeln – ob sie wirklich ihnen gehört, kann ich nicht mit Sicherheit sagen. Ausgerechnet in diesem Chaos treffe ich Steve Obbayi. Oh mein Gott! Er ist leicht zu erkennen: Auch wenn sich mittlerweile alle Nationen am Everest herumtreiben, sieht man Afrikaner immer noch sehr selten hier oben in diesen Bergen. Seine dunkle Haut steht im starken Kontrast zum weißen Schnee, der uns umgibt. Schon vor dem Lawineneinschlag hatte ich ihn überall gesucht. Kennengelernt hatte ich Steve im vorigen Jahr auf dem Weg zur Ama Dablam. Er wollte der erste Kenianer auf dem Gipfel des Everest werden. Seine Expedition scheiterte jedoch, weil eine Lawine in den Khumbu-Eisfall stürzte und 13 Sherpas mit in den Tod riss. Die Regierung in Nepal bot den Angehörigen 40.000 Rupien, umgerechnet rund 300 Euro, als Entschädigung an. Eine lächerliche Summe, wenn man bedenkt, dass es sich bei den Everest-Besteigungen um eine inzwischen millionenschwere Industrie handelt, Zigtausende von Dollar fließen in die Besteigungen, die ohne die Sherpas gar nicht möglich wären. Die Sherpas traten daraufhin in Streik und verzichteten auf das Geld der gesamten Saison, und das, obwohl das Honorar die Basis ihrer Lebensgrundlage bildet. Aber sie wollten die Toten ehren, von denen einige verschüttet am Berg zurückgeblieben waren. Kann der Körper eines Verschütteten nicht gefunden werden, so glauben sie, dass sein Geist auf ewig herumirren muss, er kann nicht wiedergeboren werden. Das macht die Situation umso tragischer. Für die Sherpas war es so, als ob sie über die Körper ihrer toten Landsleute hinwegsteigen würden. Wir, die wir aus einem anderen Kulturkreis stammen, können diese Einstellung nicht nachvollziehen. Wir werden schnell ungeduldig und sind unzufrieden, falls wir nicht das bekommen, was uns versprochen wurde, erst recht, wenn uns der Grund nicht plausibel erscheint. Dass da irgendwelche Geister aus dem Boden aufgewirbelt werden, die erst zu Ruhe kommen müssen, wollen wir vielleicht auch gar nicht verstehen. Unser Weltbild ist ein anderes. Für uns ist nur schwer akzeptierbar, dass die Regeln, die wir aus unseren Heimatländern kennen, nicht auch für alle anderen gelten. Um Konflikte zu vermeiden, offener auf die Menschen zuzugehen und ihre Standpunkte auch verstehen zu können, sollte man sich daher ausgiebig mit der Kultur des Ziellandes auseinandersetzen und sich im Vorfeld informieren, oder, um mit den Worten meines ehemaligen Lehrers Herrn Fälker zu sprechen: »Man sieht nur, was man kennt.«

Als ich im April 2014 eine Nacht im Everest Base Camp auf 5360 Metern verbracht hatte, um mich für die Ama Dablam zu akklimatisieren, konnte ich die ganz eigene Atmosphäre des Unglücks fühlen. Auch damals herrschte diese drückende Stille. Und genau in dieser Zeit lernte ich Steve kennen. Wir kamen schnell miteinander ins Gespräch. Ich kannte Kenia gut, meine erste große Reise führte mich mit 19 Jahren dorthin.

August 2011: Durch das Partnerschulen-Programm meiner Schule in Borgholzhausen bekomme ich die Chance, auf einer

15. Das Tor zur Welt

kenianischen Schule Unterricht zu geben und Umweltaktionen durchzuführen. Wir pflanzen Bäume und sammeln Müll ein. In Kenia steht der zweithöchste Berg Afrikas, der Mount Kenia mit 5199 Meter Höhe. Die einheimischen Stämme nennen das riesenhafte Mount-Kenya-Massiv Kirinyaga und Kinyaa, was in etwa »Platz der Götter« bedeutet. Als die Engländer hier ankamen, hatten sie Kenya verstanden und die von ihnen 1888 gegründete Kolonie danach benannt. Für die Einheimischen gilt der Berg als heilig. Weil ich den Berg unbedingt besteigen will, erkundige ich mich, ob ich auch zu einem späteren Zeitpunkt zurückreisen könnte. Außerdem frage ich die anderen elf Teilnehmer, ob noch jemand länger bleiben möchte. Ihnen reicht der eine Monat allerdings völlig aus. So kommt es, dass ich mich vier Wochen später auf meiner ersten kleinen, selbstorganisierten Expedition befinde. Es ist das erste Mal, das ich Europa verlasse habe und mich mit einer anderen Kultur auseinandersetzen muss. Mir fallen sofort die Unmengen an Müll und Plastik auf, die an den Straßenrändern, ja sogar auf der Straße liegen, und in den Dörfern, die wir passieren, riecht es nach verbrannten Autoreifen. Es ist ein ungewohntes Bild für mich. In Deutschland ist alles penibel sauber, und falls doch jemand auf die blöde Idee kommen sollte, Müll auf den Boden zu werfen, kommt sicher Oma Piepenbrink um die Ecke und beschwert sich lautstark. Das finde ich auch gut so. In einem Entwicklungsland wie Kenia gelten diese Regeln jedoch nicht. Nicht dass ich es gutheiße, dass die Menschen dort ihren Müll einfach auf die Straße werfen, aber man muss ihnen erst einmal erklären, was der Müll zum Beispiel mit ihrem Trinkwasser macht. Nur wenn sie verstehen, welche Folgen der Müll hat, werden sie umdenken und ihr Verhalten ändern. Bevormundet man jemanden oder stellt Regeln auf, die der andere nicht nachvollziehen kann, wird das Gegenüber nicht nur verärgert sein, sondern auch mit Abwehr reagieren. Ich hoffe jedenfalls, dass meine Gruppe und ich den Jugendlichen unserer kenianischen Partnerschule ein bisschen Wissen über Umweltschutz vermitteln konnten und wir ihren Blick für die Müllproblematik – auch ohne erhobenen Zeigefinger – schärfen konnte.

Trotz der vielen interessanten Begegnungen und Erlebnisse, die ich bei diesem Schulprojekt erleben darf, kann ich es kaum erwarten, bis der Monat endlich vorbei ist und ich raus in die Natur und in die Berge kann. Mit einem Guide und einem Träger, die ich angeheuert habe, erreiche ich die Hochebenen des Mount Kenia. Noch am Tag zuvor haben wir den Dschungel durchquert, jetzt befinde ich mich mit meinen beiden Begleitern mitten in einer Gras- und Buschlandschaft auf 4000 Meter Höhe. In den nächsten Tagen werde ich durch alle Höhenstufen wandern und – vom Dschungel bis zur Eiswüste – die verschiedensten klimatischen Bedingungen erleben. Ein verkohlter Geruch liegt in der Luft. Er stammt von den Honigjägern, die weiter unten am Berg die Bienenstöcke ausräuchern. Die Feuer ziehen dann so lange hoch, bis es nichts Brennbares mehr gibt oder Regenschauer sie wieder löschen. Über kleine Trampelpfade wollen wir bis zum Shipton's Camp auf 4236 Meter hinaufwandern. Ich bemerke, wie mir die Höhe bereits in den Kopf kriecht. Der schnelle Aufstieg bereitet mir körperliches Unbehagen und ich fühle mich zunehmend schwächer. Während eines prasselnden Regenschauers stellen wir

15. Das Tor zur Welt

uns unter einen Felsvorsprung, wo mein Träger, der auch als Koch fungiert, einen massiven Benzinkocher aus Metall zum Laufen bringt und uns eine warme Mahlzeit zubereitet. An dem kleinen Benzinkessel ist eine Handpumpe mit hölzernem Griff eingebaut, über die er das Benzin nachpumpt. Das Gerät sieht aus wie eine Miniaturversion eines Gasherdes.

Als der Regen zwei Stunden später nachlässt, wird zum ersten Mal der Blick auf den Gipfel frei. Es kommt ein steil emporragender Doppelgipfel zum Vorschein. Wow, der Berg sieht aus wie das Matterhorn Afrikas! Auf der rechten Seite befindet sich der Batian, mit seinen 5199 Metern ist er der höchste Punkt des Massivs. Über einen spitzen Grat ist er mit dem um einige Meter niedrigeren Nelion verbunden, auf dessen Gipfel sich die Howell Hut befindet, eine Biwakschachtel, die Kletterern als Notunterkunft dient. Der Anblick dieses mächtigen Berges zieht mich sofort in den Bann. Meinen beiden kenianischen Begleitern habe ich noch nicht verraten, dass ich unbedingt einen Gipfelversuch starten möchte. Ich werde versuchen, es ihnen in einem geeigneten Moment behutsam beizubringen. Bereits von Deutschland aus hatte ich ein paar Agenturen angerufen und mich bezüglich eines Aufstiegs erkundigt. Alle rieten mir davon ab. Beim Mount Kenia handele es sich um eine schwierige Alpintour, die für einen Schüler nicht geeignet sei. Die wenigen Agenturen, die nicht gleich wegen meines Alters abwinkten, lagen mit ihren Preisvorstellungen für eine Mount-Kenia-Besteigung jedoch um einige Tausend Euro über meinem Budget. Deshalb hatte ich mich dazu entschlossen, alles vor Ort zu organisieren. Die Preise sind dann um einiges geringer. Für die sechs Tage, die ich unterwegs bin, gebe ich letztlich nur 550 US-Dollar aus. Um ein richtiges Abenteuer zu erleben, braucht es nicht viel Geld.

Die wundersame Landschaft des Mount Kenia lässt mich fast glauben, ich wäre auf einem fremden Planeten gelandet. Riesenlobelien, die nur auf dieser Höhe und unter besonderen klimatischen Bedingungen wachsen, ragen wie Kakteen aus dem Boden. Mit etwas Glück kann man einen Blick auf den seltenen Kleinen Sunbird erhaschen, der sich von ihrem Nektar ernährt. Er ist schwarz, doch sein Gefieder hat einige metallisch grün schimmernde Streifen. Es ist ein ganz besonderer Moment für mich, als ich die seltenen Vögel entdecke. Zum ersten Mal hatte ich von ihnen im Geografieunterricht bei Herrn Fälker gehört – wie hätte es auch anders sein sollen! Langsam zieht Nebel auf und der nasse, schlammige Boden wird kälter und kälter. Für afrikanische Verhältnisse ist es bitterkalt. Ich friere. Umso mehr freue ich mich, endlich die Hütte zu sehen. Meine beiden kenianischen Guides gehen direkt in den Raum, in dem gekocht wird. Sie treffen dort auf viele ihrer Freunde. Ich öffne die Tür und muss feststellen, dass es drinnen genau so kalt ist wie draußen. Das Einzige, was mich doch noch erwärmt, ist die Tatsache, dass ich dort zufällig auf einen lokalen Bergführer treffe, der sich bereit erklärt, mich für 250 Euro auf den Hauptgipfel zu bringen. Den Gipfel allein in Angriff zu nehmen, traue ich mir mit meinen 19 Jahren nicht mal im Ansatz zu. Dafür fehlt mir schlichtweg die Erfahrung. Als ich mich am Abend in meinen Schlafsack einhülle, sind es gerade mal vier Grad in der Hütte. Ich kann wegen der Kälte nicht schlafen. Außerdem brummt mein Kopf und mir ist übel. Ich

15. Das Tor zur Welt

zeige erste Symptome der Höhenkrankheit. Was das heißt und was man dagegen tun sollte, weiß ich zu diesem Zeitpunkt noch nicht. Ich bin erst vor zwei Tagen in der Hauptstadt Nairobi aufgebrochen und es ist mein allererster Aufenthalt in so großer Höhe.

Der dritte Tag ist angebrochen und ich bewege mich im Schein meiner Stirnlampe den steilen Schotterhang hinauf. Der Bergführer geht voraus und auch einer der beiden Kenianer begleitet uns, wobei er nun mehr als seelischer Beistand fungiert und weniger eine bestimmte Funktion erfüllt. Wir befinden uns am Weg zum Zustieg der etwa 400 Meter vertikalen Route, die auf den Hauptgipfel führt. Ich fühle mich elendig. Meine Kopfschmerzen sind mittlerweile so stark, dass ich meinen Puls im Kopf fühlen kann. Jeder Herzschlag kommt mir wie ein Elektroschock vor. Jeder Schritt ist eine Qual. Schließlich beleuchtet der Kegel meiner Kopflampe ein mit grüner Farbe aufgesprühtes Kreuz: die Markierung für den Einstieg. Endlich! Wir machen uns an den Aufstieg. Just in dem Moment setzt der Schnee ein. Das Risiko, hier so richtig auf die Schnauze zu fallen, wird sogar noch größer, als die feinen Schneeflocken den Felsen und die Risse mit einer dünnen Eisschicht überziehen. Für die mobilen Sicherungsgeräte müssen wir erst mühevoll den Felsen freikratzen. So richtig halten wollen sie aber trotzdem nicht. Ich plädiere dafür, umzukehren. Ich bin mir sicher, dass wir bei solchen Bedingungen den Gipfel nicht erreichen können. Mein Guide bekommt seine 250 Euro aber nur bei einem Gipfelerfolg, also wenn wir wirklich oben ankommen. Über einen Abbruch hatten wir nie gesprochen, deshalb will er unbedingt weitergehen. Ich kann mich nicht umstimmen. Ich spüre, dass ich für diesen Berg nicht bereit bin, unter den vorherrschenden Bedingungen ist das Risiko einfach zu hoch.

Ich glaube, dass Erfahrung Fluch und Segen zugleich sein kann. Fünf Jahre später bin ich zum höchsten Berg Südamerikas aufgebrochen. Ich wollte den 6962 Meter hohen Aconcagua im Winter solo besteigen und dachte mir, dass ich dort einfach hochspazieren würde. Um die Organisation habe ich mir keinen Kopf gemacht und bin einfach wild drauflosgezogen. Das Ganze endete dementsprechend in einem Desaster! Den Aconcagua habe ich nur vom Tor des Nationalparks aus gesehen. Ich hatte mich nicht ausreichend informiert und deshalb kein Permit organisiert. So eine Schmach verschweigt man gern, aber ich habe daraus eine wichtige Lektion gelernt: Je erfahrener man ist, desto sicherer fühlt man sich und desto eher wird man leichtsinnig. Bei der Aconcagua-»Besteigung« waren die Konsequenzen im Vergleich zu dem, was eine Fehlentscheidung am Berg hätte bedeuten können, gering. Um mich in Zukunft vor solchen Fehlern zu bewahren, versetze ich mich vor jeder Tour in die Lage eines absoluten Anfängers. Wer nichts weiß, geht auch kein unnötiges Risiko ein!

Also Abstieg! Erst in der Hütte spüre ich, wie schlecht es mir eigentlich geht. Mir ist übel und ich bin kurz davor, mich zu übergeben. An Essen ist nicht zu denken, und da ich nicht auf Diät bin, kann ich mich über den Gewichtsverlust auch nicht freuen. Ich verschlafe und verbringe den ganzen Tag im Bett. Erst am nächsten Tag mache ich mich an den Abstieg. Obwohl es mir so schlecht geht, lasse ich es mir nicht nehmen, dem Point Lenana auf 4985 Metern einen kurzen Besuch abzustatten. Der Point Lenana ist der dritthöchste Gipfel des Mount

15. Das Tor zur Welt

Kenia. Man kann ihn wandernd erreichen. Dennoch fühlt sich mein Körper träge und tonnenschwer an. »So muss es sich anfühlen, richtig alt zu sein«, denke ich mir. Die Frage, die mich aber viel mehr beschäftigt, ist: Wie zur Hölle soll man es auf 8000 Meter Höhe aushalten?

Heute weiß ich, dass ich damals viel zu schnell aufgestiegen bin. Jeder normale Mensch fühlt sich hundeelend, wenn er innerhalb von drei Tagen auf 5000 Meter hochläuft. Aber ich habe zwei wichtige Dinge fürs Leben gelernt. Erstens: Ich kann große Projekte allein organisieren. Zweitens: Es besteht immer die Möglichkeit umzukehren, falls mir die Sache über den Kopf wächst. Ich habe den Gipfel zwar nicht erreicht, aber ich habe es versucht und bin daran gewachsen. Dadurch bin ich nicht zuletzt selbstbewusster geworden. Traue mich, mich auf Unbekanntes und Neues einzulassen. Darauf werden alle meine zukünftigen Expeditionen aufbauen. Wenn ich den Mount Kenia damals nicht in Angriff genommen hätte, wäre ich nicht der geworden, der ich heute bin. Den Glauben, das Unmögliche zu schaffen, habe ich nie verloren. Er ist ein wichtiger Teil von mir und hat mir die Welt neu eröffnet. Einblick in das Leben eines Entwicklungslandes erhalten zu haben, hat mir in vielerlei Hinsicht die Augen geöffnet und mich reifer werden lassen. Davor war es für mich eine Selbstverständlichkeit gewesen, in einem sicheren Land zu leben, und auch die Toilettenbrille zu Hause habe ich nie als etwas Besonderes angesehen. Aber wenn man sechs Wochen lang keine hat und es gefährlich sein kann, auf die Straßen zu gehen, lernt man wieder zu schätzen, wie komfortabel und schön es zu Hause ist. Die Reise nach Kenia hat mir gezeigt, wie reich wir in Deutschland an materiellen

Dingen sind, aber sie hat mir auch gezeigt, dass man all das nicht braucht, um glücklich zu sein. Das Lächeln der Kenianer, das einem überall begegnet, zeugt von einer viel positiveren Grundeinstellung, als wir sie besitzen – zumindest kann ich sie bei uns viel seltener entdecken.

Das war es, was ich Steve erzählte, als ich ihn 2014 kennenlernte. Er hat den Hauptgipfel des Mount Kenia schon mehrmals bestiegen und lud mich ein, das nächste Mal mit ihm gemeinsam aufzusteigen. Anfang 2015 schrieb er mir, dass er für einen zweiten Versuch zum Everest nach Tibet reisen will. Ich hege große Sympathien für Steve, denn wie ich stammt er aus einer flachen Region ohne viel Gebirge, auch wenn wir in verschiedenen Kulturen aufgewachsen sind. Ich konnte es kaum erwarten, ihn wiederzusehen. Aber unser Wiedersehen steht unter keinem guten Stern. Unter den Lawinenopfern befindet sich ein gemeinsamer Bekannter von uns. Dan. Am ersten Tag meines Base-Camp-Aufenthaltes hatte ich die einzelnen Gruppen aufgesucht, um sie zu fragen, ob vielleicht Steve bei ihnen sei. Dabei traf ich auf Dan und kam mit ihm ins Gespräch. Er kannte Steve und suchte ebenfalls nach ihm. Wir einigten uns darauf, dass der eine dem anderen Bescheid gibt, wenn er Steve findet. Jetzt habe ich Steve gefunden, aber es ist zu spät, um Dan Bescheid zu geben. Dan ist tot. In dem Augenblick, in dem die Lawine einschlug, wurde er mit seinem Zelt fortgeschleudert und prallte mit ihm gegen einen großen Felsblock. Er erlitt einen Schädelbasisbruch und verstarb noch vor Ort. Das Wiedersehen zwischen Steve und mir verläuft ohne viele Worte. Es ist, als ob uns die Ereignisse die Wörter aus dem Mund gezogen hätten. Da ist nur Leere. Trotzdem sind wir beide positive und lebens-

15. Das Tor zur Welt

frohe Menschen und verabschieden uns voneinander still und mit einem Lächeln. Wir haben beide überlebt. Ich bin mir sicher, Steve und ich werden uns wiedersehen – und wer weiß, vielleicht schaffen wir es tatsächlich mal gemeinsam auf den Mount Kenia.
Zeit: Mai 2015

Besonderheit: 15 Mal »Fuck!«

Alter: 22 Jahre

Ort: Lhotse

(8516 Meter) / Nepal

16. Geben

Als mein australisches Teammitglied Liam und ich aufbrechen, um das Everest Base Camp in Richtung Lobuche (4940 Meter) zu verlassen, wo wir die Nacht verbringen werden, wird uns das Ausmaß der ganzen Katastrophe noch einmal direkt vor Augen geführt. Am Rand des Camps sind die Leichensäcke aufgestapelt. Manche der toten Körper sind in Plastikplanen eingeschlagen, andere hat man in Schlafsäcke gepackt und zugezogen. Alles steht zur Abholung bereit. Ich und die anderen gehen stumm vorbei. Keiner blickt zurück. Wir verlassen den Gletscher und folgen der sandig steinigen Moränenlandschaft, in der ich tags zuvor noch ein starkes Nachbeben erlebt hatte, als ich auf dem Weg in die nächste Ortschaft Gorak Shep (5207 Meter) gewesen war. Gorak Shep besteht nur aus ein paar Lodges, aber es gibt dort ein Telefon-Netzwerk und Internet, das ich nutzen wollte, um Kontakt zur Außenwelt herzustellen. Auf dem Weg dorthin hatte ich über meinen Spot Messenger, eine Art vereinfachtes Handy, das über Satellit funktioniert, eine Nachricht an meine Eltern abgeschickt: »I'm happy.« Um die Nachricht zu senden, muss ich nur einen Knopf drücken. Dann wird eine SMS mit meinen Koordinaten und dem eingespeicherten Text verschickt. Meine Eltern wurden natürlich misstrauisch, hatte ich mich doch entgegen meiner Gewohnheiten erst wenige Tage zuvor gemeldet. Normalerweise lasse ich nicht oft von mir hören. Aus meiner Sicht reichte diese kurze Nachricht vollkommen aus, um sie zu informieren. Mich noch einmal zu melden, kam mir überhaupt nicht in den Sinn. Mein »I'm happy« erreichte sie drei Stunden, bevor die ersten Medien über die Katastrophe berichteten. Während meine Eltern also zu Hause zitterten und nicht wussten, ob ich auch wirklich den richtigen Knopf gedrückt hatte, war ich schon auf dem Weg nach Gorak Shep. Ich wollte dorthin, um das Video, das ich von der Lawine gemacht hatte, auf YouTube hochzuladen. Ich wollte alle informieren, wollte, dass sie sehen, was passiert war, und dass sie wissen, dass es mir gut ging. Aber aufgrund des Erdbebens war das Telefonnetzwerk in vielen Teilen des Landes zusammengebrochen. Deshalb wollte ich es in einer der Lodges versuchen, aber auch dort funktionierte das Internet nicht richtig. Ich hatte mich schon damit abgefunden, dass das mit dem Video nichts mehr wird, als ich zufällig das Social-Media-Team von Nick traf. Der Brite hatte es sich zum Ziel gemacht, trotz seiner chronischen Atemwegserkrankung den Gipfel des Mount Everest zu erreichen. Damit wollte er andere Menschen inspirieren und ihnen zeigen, dass es mit Handicap möglich ist, seine Träume zu verwirklichen. Seine Gruppe wollte in der Lodge in Gorak Shep übernachten. Sie erklärten sich bereit, mein Video hochzuladen, sobald es wieder Internet

16. Geben

gäbe. Kurzerhand kopierte ich das File auf ein Handy des Teams und verknüpfte das Ganze mit meinem YouTube-Kanal, den ich als eine Art persönliches Videotagebuch nutze. Auf dem Weg zurück ins Base Camp dachte ich nicht weiter an das Video. Auch Nicks Team verschwendete keinen Gedanken mehr daran. Das Handy blieb einfach liegen und das Video wurde weiter und weiter hochgeladen ...

Kurz nachdem wir aus dem Base Camp aufgebrochen sind, klingelt mein Handy. Das kann nur bedeuten, dass das Telefonnetzwerk wieder funktioniert. Ruft mich jemand auf meiner nepalesischen Geheimnummer an, stimmt irgendetwas nicht. Ein Medienagent aus den USA ist am anderen Ende der Leitung. Meine Nummer hat er von meinem Vater bekommen. Es geht um das Video. »Wie viele Klicks?«, frage ich verunsichert. »Jetzt gerade so um die zwei Millionen«, sagt die Stimme des Agenten am Telefon. Wow! Zwei Millionen Klicks! Damit hatte ich nie gerechnet. Bevor ich in Deutschland aufgebrochen war, hatte ich meiner kleinen Schwester noch stolz meinen YouTube-Kanal gezeigt. Ich hatte die 50.000er-Marke der Gesamtviews geknackt. Aber sie war nicht groß beeindruckt und sagte nur: »Jost, ich will ja nichts sagen, aber das ist echt nicht viel.« Hahaha! Umso mehr freue ich mich jetzt, dass sich das Video so schnell verbreitet. Ich bin mir sicher, dass auch meine Familie und Freunde das Video gesehen haben und jetzt wissen, dass es mir gutgeht. In den nächsten Stunden explodiert die Zahl der Klicks förmlich. Erst sind es vier Millionen, dann acht, schließlich 18 Millionen Aufrufe. Liam freut sich mit mir über den Erfolg. Gleichzeitig sind wir emotional noch tief in der Situation gefangen, die wir vor gerade mal 24 Stunden durchlebt haben. Das Video ist wie ein stummer Zeuge und lässt uns den Moment, der alles verändert hat, immer wieder durchleben. Aber entscheidend für mich ist, dass durch die virale Verbreitung des Clips viele Menschen weltweit auf das Erdbeben in Nepal aufmerksam gemacht wurden. Das sorgt für viele Spenden, die die Menschen vor Ort auch dringend benötigen. Allerdings wird meine Freude über die millionenfachen Klicks schnell gedämpft. Ein Tischnachbar, der mitbekommen hat, was ich getan habe, kritisiert mich dafür. Es seien schließlich Menschen gestorben. Daraufhin steht Liam auf und brüllt so laut, dass die Reiskörner seines unzerkauten Essens in alle Richtungen fliegen. »Warst du da?! Wir waren da! Deswegen können wir uns auch darüber freuen, aus der Situation rausgekommen zu sein!« Das Ganze ist noch so frisch, dass keiner von uns rational bleiben kann. Ich fühle mich unwohl, weil ich der Grund für die Auseinandersetzung bin. Fortan weiß ich, dass ich mit diesem Thema vorsichtig umgehen muss. Niemand kennt meine Beweggründe, dadurch kann schnell ein falsches Bild entstehen.

Liam geht es schlecht. Er hustet sich die Seele aus dem Leib. Aber es liegen noch zwei Tagesetappen vor uns. Er verliert zunehmend an Kraft und sein Husten deutet auf eine Atemwegsinfektion oder eine leichte Form eines Lungenödems hin. Auch wenn es ihm immer schlechter geht, ich kann ihm auf Dauer nicht seinen Rucksack abnehmen. Ich selbst schleppe 25 Kilo an Gepäck. Liam fragt jeden Nepali, den wir unterwegs treffen, ob er ihm für 100 US-Dollar den Rucksack tragen würde. Aber sie lehnen alle ab. Sie haben bereits einen Job – sie sollen das Everest Base Camp abbauen. In Pheriche (4371 Meter) erklärt

16. Geben

sich schließlich ein Hirtenjunge bereit, als Träger zu arbeiten. Ganz geheuer ist mir das Ganze zwar nicht, weil ich mir bei der Herangehensweise wie ein Kolonialherr vorkomme, aber wir haben keine andere Wahl. Für den Hirtenjungen ist es gutes Geld und wir schaffen es auf diese Weise relativ zügig nach Lukla, dem Dorf, in dem sich der einzige Bergflughafen dieser Region befindet. Der Flughafen ist hoffnungslos überfüllt und alle Flüge sind ausgebucht. Inder und Nepalesen werden von großen indischen Helikoptern ausgeflogen. Liam und ich sitzen, wie der Großteil der anderen Bergsteiger und Trekker, erst einmal fest. Mit etwas Glück und ein bisschen Schmiergeld bekommen wir dann aber doch noch zwei Plätze in einem israelischen Rettungsflugzeug, das uns zurück nach Kathmandu bringt. In der nepalesischen Hauptstadt wird mir erst vor Augen geführt, welch unglaubliche Kräfte beim Beben gewirkt haben müssen. Ganze Plätze mit historischen Kultstätten wurden dem Erdboden gleichgemacht.

Wie in einem Kriegsfilm sitze ich am Flughafen. Die Deckenlampen schaukeln durch die ständigen Nachbeben hin und her. Ich warte auf meinen Rückflug nach Deutschland. Mein Kopf ist randvoll gefüllt mit dem Gesehenen und Erlebten der letzten Tage. Ich habe das Gefühl, dass er gleich explodiert. Ursprünglich war ich zu meinem Vergnügen hierhergekommen. Stattdessen habe ich Tod und Verderben erfahren. Im Gegensatz zu den Menschen, die hier leben, kann ich jedoch fliehen. Sobald ich in das Flugzeug steige, lasse ich die Katastrophe hinter mir und betrete wieder meine heile Welt. Aber ich werde zurückkommen. Ich will den Menschen helfen. Aber die millionenfachen Klicks meines YouTube-Videos haben kein Geld eingebracht. Zwar verdiene ich als YouTube-Partner an den Werbeanzeigen mit, aber in diesem Fall hatte ich Pech. Ich habe auf dem Video einfach zu oft »Fuck!« gesagt. In den 2:28 Minuten kommt das F-Wort ganze 15 Mal vor. Natürlich wäre es besser gewesen, etwas anderes zu sagen, aber in so einem Moment achtet man nicht darauf. Man sagt einfach irgendetwas. Wegen der vielen Fucks wird das Video als unangemessen eingestuft. Das hat zur Folge, dass das Video nicht mit Werbeanzeigen monetarisiert wird. Bei 22 Millionen Klicks hätten es gut 40.000 Euro sein können. FUCK! Mithilfe einer Agentur kann ich das Video dann aber doch noch an einen Fernsehsender verkaufen. Wenigstens kann ich so die Kosten für meine verlorene Ausrüstung abdecken.

Weil ich es als meine Verpflichtung ansehe, den Menschen im Krisengebiet zu helfen, sammele ich Spendengelder und bringe die Einnahmen persönlich nach Nepal. Es sind zwar nur ein paar Tausend Euro, aber im zerstörten Entwicklungsland ist das immer noch sehr viel Geld. Für mich ist vor allem wichtig, dass durch die Spenden keine Abhängigkeit geschaffen wird. Die Hilfe sollte immer Hilfe zur Selbsthilfe sein. Daher übergebe ich das Geld an den Dorfrat von Kavre, der selbstständig entscheidet, wo es am dringendsten gebraucht wird. Außerdem habe ich mich dazu entschlossen, ihnen Bildmaterial zur Verfügung zu stellen. Dafür habe ich extra eine Drohne gekauft, mit der ich das Ausmaß der Zerstörung aus der Luft filmen und dokumentieren kann. Mit diesem Material haben die Menschen alles, was sie brauchen, um sich selbst effizient um die Spenden zu kümmern. Hätte ich anstatt zu filmen und Interviews mit Betroffenen zu führen beim Bau mitgeholfen, hätte

16. Geben

ich womöglich jemandem den Arbeitsplatz weggenommen. Außerdem bin ich durch die Interviews vielen Menschen nähergekommen. Hier in Kavre, etwa vier Stunden mit dem Jeep von Kathmandu entfernt, habe ich mit vielen Dorfbewohnern sprechen können. Das hat mich tief bewegt. So habe ich zum Beispiel mit einer Frau gesprochen, die ihr Haus durch das Erdbeben verloren hat. Die ersten Tage danach hatte sie mit ihrer Familie unter einem Reissack verbracht. Dann hatte sie sich eine notdürftige Hütte zusammengebaut. Die kleine Hütte sei für sie so schön wie ein Palast, denn es gehe ihr und ihren Kindern gut. Die Familie sei das Wichtigste – ein Haus könne man, im Gegensatz zur Familie, neu bauen. Trotz der Katastrophe und dem damit verbundenen Leid gehen sie mit der Situation gelassen um. »Das Leben ist das, was einem passiert, während man andere Pläne schmiedet«, zitiert eine Sherpa-Frau, die durch die Lawine ihren Mann verloren hat, John Lennon. In diesem einfachen Satz steckt viel Weisheit, wie ich finde, sagt er doch, dass man akzeptieren muss, was passiert. Es ist faszinierend, aber in Ländern wie Nepal erlebe ich immer wieder, dass die Menschen hier viel mehr Glück, Freude und Zufriedenheit ausstrahlen als wir mit unserem Reichtum und Wohlstand – oder vielleicht strahlen die Menschen in Nepal einfach weniger Unglück aus?

Glück ist ein flüchtiger Moment. Wenn man es festzuhalten versucht, wird es entschwinden. Aber was ist Glück wirklich? Ist es die Zeit, die man mit den Menschen verbringt, die man liebt? Ist es das Erreichen von Zielen und Selbstverwirklichung? Oder ist Glück einfach nur ein Moment der Sorglosigkeit, in dem all der Druck und die Erwartungen von einem abfallen? Ich denke, Glück steht nicht nur auf einem Bein. Für mich ist Glück eine bunte Mischung aus allem, aber auch das Gefühl, dass meine Existenz Gutes bewirken kann. Egal wie tief ich falle, egal wie mein eigenes Leben gerade aussieht, es reicht, wenn ich nur einen einzigen Menschen glücklich machen kann. Das ist für mich Glück.

— — — — — — — — — — — —

Besonderheit: 1 Kaffeeautomat im Wald
Zeit: Januar 2016
Alter: 23 Jahre
Ort: Japan

17. Die Quelle des Wissens

Eigentlich habe ich mir das alles sehr viel einfacher vorgestellt. Schließlich ist es nur knapp ein Dreitausender und die Tourenbeschreibungen des Sommers lassen keine Schwierigkeiten erwarten. Allerdings ist es Winter, es ist dunkel, kalt und ich bin mal wieder allein unterwegs. Dieses Mal hat es mich nach Japan verschlagen. Mein Ziel ist der 2999 Meter hohe Tsurugidake. Obwohl ich mich bei diesem Berg nicht in die Todeszone begebe, ist es ein anspruchsvolles Unterfangen. Immerhin habe ich fast 3000 Höhenmeter Auf-und Abstieg vor mir. Den Start knapp über Meereshöhe habe ich einkalkuliert, nicht jedoch die schlechten Schneebedingungen, die ich völlig unterschätzt habe. Es ist einer dieser globalen warmen Winter. Der Schnee in den Alpen ist bislang ausgeblieben und auch in Japan liegt die weiße Pracht nur drei Meter hoch. Normalerweise findet man hier im Januar eine geschlossene Schneedecke von bis zu zehn Metern vor. In diesem Jahr jedoch nicht. Was mir

Sorgen macht, ist, dass ich kaum den Berg hochkomme. Es ist, gelinde gesagt, eine Qual. Ich bewege mich mit Tourenskiern fort, die mich eigentlich auf der Oberfläche des Schnees halten sollten, doch in dem trockenen Pulverschnee sinke ich bis zur Hüfte ein. Solche Schneebedingungen habe ich noch nie erlebt. Meine Skier verfangen sich ständig in den Büschen unter dem Schnee – und es liegen noch 2400 Höhenmeter Aufstieg vor mir. Was mich zu dieser Schinderei veranlasst? Das wüsste ich auch gerne. Wahrscheinlich ist es einfach meine unersättliche Neugier. Vor einem halben Jahr saß ich mit meinem japanischen Freund Taro im Everest Base Camp zusammen und wir tauschten Erfahrungen und Erlebnisse aus. Das ist immer eine gute Möglichkeit, um Ideen für neue Projekte zu sammeln. Irgendwann erzählte er vom Tsurugidake, den er als »schwierigster Berg Japans« bezeichnete. Da wurde ich hellhörig. Ohhh, ich liebe es, wenn es schwierig wird! Übersetzt bedeutet Tsurugidake so viel wie »Schwertgipfel«. Der spitze Grat, der zum Gipfel führt, brachte ihm diesen Namen ein. Als Taro noch hinzufügte, dass niemand diesen Berg im Winter besteigen würde, wusste ich, dass ich den »Schwertgipfel« einfach versuchen muss. Ohhh, ich liebe die Kälte! Die wirklich schwierigen Seiten des Berges sind im Winter nicht erreichbar. Die Lawinengefahr ist zu hoch. Zwar gibt es endlos viele Zustiege, aber die im Sommer überlaufene Hauptroute ist zu dieser Jahreszeit trotzdem wie ausgestorben. Keine Menschenseele. Außer mir.

Der Tag bricht mit den wärmenden Strahlen der Sonne an und eröffnet mir eine wunderbare Aussicht auf den Japanischen Ozean. Er erstreckt sich nach Osten, Richtung China. Mühevoll wühle ich mich durch den hüfttiefen Schnee, so als würde

17. Die Quelle des Wissens

ich mir Stück für Stück einen Tunnel bis zum Gipfel graben. Trotz der Strapazen, denen ich mich wieder einmal aussetze, unterscheidet sich diese Tour grundlegend von früheren: Ich fühle keinen Leistungsdruck. Den Gedanken an Erfolg und Niederlage habe ich abgelegt. Das kommt nicht von ungefähr. Nach der Lawine hat sich mein Leben grundlegend verändert. Den Plan, Medizin zu studieren, habe ich verworfen. Ich möchte diese Gelegenheit nutzen, um mich voll und ganz auf das Bergsteigen zu konzentrieren. Die Möglichkeiten, die sich mir hierbei eröffnen, sind nahezu grenzenlos. Mein nächstes Ziel: einen Achttausender allein und ohne Sauerstoff besteigen. Am liebsten möchte ich sie alle besteigen.

Manchmal schrecke ich noch in der Nacht hoch und weiß nicht, wo ich bin, dann wackelt der Boden wieder. Wahrscheinlich braucht es einfach seine Zeit, um das Erlebte zu verarbeiten. Für mich kreist alles um die Frage, wer ich bin. Die Selbstverständlichkeit, mit der ich früher Dinge zu glauben wusste, gibt es nicht mehr. Und das ist gut so. Dadurch, dass ich mich und das, was ich tue, stärker hinterfrage, hat sich mir der Weg der japanischen Bergsteiger-Philosophie eröffnet. Ein Weg, der sich sehr stark von der westlichen Einstellung und meinem bisherigen Pfad unterscheidet. Sowohl in den Bergen als auch in meinem restlichen Leben hat sich alles immer nur um mich gedreht. Der Berg war für mich lange nichts weiter als ein Trainingsgerät, auf dem ich nach vollbrachter Leistung stolz posierte. Ich wollte die Berge erobern und mich dadurch selbst erhöhen. Die Japaner haben einen völlig anderen Zugang zur Natur. Sie befinden sich im Gleichklang mit ihr. Ich würde sogar sagen, dass sie Bewunderung dafür empfinden, was die

Natur ihnen gibt. Erreichen sie den Gipfel nicht, ist das der Wille des Berges, den sie respektieren. Sie haben etwas, was ich nicht habe: Demut. Ich möchte mehr über diesen Zugang zum Bergsteigen lernen – und lernen kann ich am besten an der Quelle des Wissens. Also fliege ich nach Japan und reise mit dem Zug in die Berge, wo ich mich in einem sehr einfachen Ryokan, einem traditionellen Reisegasthaus, einquartiere. Mein Zimmer hat keine Heizung und der Boden ist aus getrockneten Reismatten, den sogenannten Tatamis, zusammengeflochten. Darauf liegt mein Futon, was übersetzt so viel heißt wie »Decke« – es ist meine Schlafstätte. Weiter gibt es noch einen kleinen Tisch. Ein Badezimmer ist keines vorhanden, doch im Erdgeschoss gibt es einen Zugang zu den heißen vulkanischen Quellen. Dort kann ich mich waschen. Gerade durch seine Einfachheit strahlt dieser Ort eine besondere Magie aus. Erst im Gewöhnlichen eröffnet sich einem der Blick für das Außergewöhnliche.

Fasziniert betrachte ich den Bogen, den die dunkle Samurai-Rüstung in der Eingangshalle in Händen hält. Der Besitzer, ein kleiner alter Mann mit grauen Haaren, stellt sich neben mich. Sein Blick wandert vom Bogen zu mir und er fragt mich, ob ich es versuchen will. Warum nicht, ich nicke ihm zu. Hinter dem Haus befindet sich ein traditioneller japanischer Bogenschießstand. Dort kann ich üben. Meine Lerneinheit geht aber weit über das Bogenschießen hinaus. Ich lerne Rituale, die Körper und Geist in Ruhe versetzen. Ich will alles über den Zen-Buddhismus wissen, vor allem, wie er sich auf das Bergsteigen auswirken kann. Ich spüre noch immer den dunklen Schmerz

17. Die Quelle des Wissens

in mir, der seit dem Lawineneinschlag auf meiner Seele liegt. Das Gefühl, nicht die Erwartungen erfüllen zu können, weil ich ein Freigeist bin. Ich fühle, dass ein Teil von mir ein anderes Leben aufbauen will. Aber ein anderer Teil sperrt sich noch dagegen. Solange ich in diesem Identifikationsprozess stecke, werden diese Gedanken ein Teil von mir sein. Will ich den Schmerz loswerden, muss ich offen für Veränderung sein.

Am Tsurugidake wird für mich die Veränderung, die durch die neue Perspektive eintritt, zum ersten Mal spürbar. Ich sehe den Berg mit Respekt an, so wie es die Japaner tun. Ich fühle mich verschmolzen und eins mit der Natur. Meine Gedanken kreisen nicht mehr nur um Dinge, die mich betreffen. Im Angesicht des Berges fühle ich mich auf einmal klein und unbedeutend, gleichzeitig aber auch frei. Obwohl es bereits spät ist und ich seit 17 Stunden unterwegs bin, verfüge ich noch über wahnsinnig viel Kraft und Willen. Der Berg zieht mich auf eine sanfte Art und Weise zu sich hin, als würde ich mit ihm verschmelzen. Im Zen-Buddhismus, wie er ihn kenne, sagte der alte Mann, glaubt man daran, dass eine Seele oder eine Gottheit in allem wohnt, was der Mensch wahrnehmen kann. Das bezieht sich nicht nur auf so große Dinge wie die Sonne, sondern auch auf kleine wie ein Handy, einen Stuhl oder einen Stein. Empfinden wir einen Berg als besonders schön, folgen wir dem Ruf des Gottes, der in ihm wohnt. Erreichen wir den Gipfel, so bekommen wir für einen kurzen Augenblick die Möglichkeit, die Welt mit den Augen dieses Gottes zu sehen. Allein dieser Gedanke ermöglicht mir, meine Wahrnehmung und mein Tun auf eine neutrale, nicht wertende Weise zu sehen.

Am Gipfel angekommen, beginnt für mich ein neuer Tag, obwohl es noch tief in der Nacht ist. Ich fühle mich frei. Alles wirkt auf einmal ganz leicht, gleichzeitig ragen die Wurzeln meiner Psyche tief in den Berg hinein. Endlich fühle ich wieder Stille in meinem Kopf und ich spüre, wie sich mein innerer Kompass langsamer zu drehen beginnt. Mit dieser neuen geheimnisvollen Kraft mache ich mich an den Abstieg. Ich benötige bestimmt noch einmal die Hälfte der Zeit, die ich für den Aufstieg gebraucht habe, aber über diese weiteren zehn Stunden denke ich nicht nach, obwohl mein Tee leer ist und die japanischen Reissnacks aufgebraucht sind. Ich gönne mir ein Koffein-Gel und teile mir die Strecke in hundert Stücke ein. Gedanklich ist das Ziel immer der nächste Punkt. Habe ich diesen erreicht, nehme ich den nächsten in Angriff und so weiter. Auf diese Weise kann ich das Tempo konstant hoch halten und fahre einen Teil der Strecke mit den Skiern in der Dunkelheit ab. Aber häufig blockieren unter der Schneelast zusammengebrochene Bäume den Weg, dann laufe ich lieber. Es ist eine angenehmere und fließendere Bewegung. Bald ziehen die ersten Ziele an mir vorbei: Erst der Busch mit dem roten Stoffband, den ich beim Aufstieg gesehen habe, dann die Senke, der verkümmerte Baum, schließlich der große Stumpf im Wald. Anzuhalten brauche ich nicht. Der einzige Grund für einen Stopp wäre, etwas zu trinken, aber ich habe keinen einzigen Tropfen Wasser mehr. Also heißt es in Bewegung bleiben, damit ich nicht auskühle. Ich habe so leicht gepackt wie nur möglich. Sogar auf einen Kocher zum Schneeschmelzen habe ich verzichtet. Leicht und schnell komme ich voran. Wenn ich das Tempo noch ein bisschen anziehe, wird mir auch wieder warm werden. Anfangs hatte ich mich auf heftigeres Frieren einge-

17. Die Quelle des Wissens

stellt. Aber meine Hybrid-Jacke von BlackYak – so dünn sie auch ist – hält mich mühelos warm.

Der südkoreanische Outdoor-Ausrüster ist mittlerweile mein Hauptsponsor. Weil er in seiner Heimat nicht das Equipment bekam, das er für seine Expeditionen benötigte, hatte der Firmengründer beschlossen, alles selbst fertigen zu lassen. Ein schwarzes Yak, das ihm bei einer Himalaya-Expedition das Leben rettete, indem es ihm den Weg zum sicheren Base Camp zeigte, gab dem Unternehmen den Namen. BlackYak entwickelte sich seit der Gründung vor rund 40 Jahren zur größten Outdoor-Marke Südkoreas und ist der größte, noch inhabergeführte Outdoor-Ausrüster der Welt. Für BlackYak teste ich nicht nur Produkte, von Anfang an habe ich auch die Möglichkeit bekommen, Produkte mitzuentwickeln. Für meine Touren suche ich oft etwas ganz Bestimmtes, das es so aber nirgends zu kaufen gibt. Dann setze ich mich mit den Produktentwicklern zusammen und wir versuchen eine Lösung – wie zum Beispiel die optimale Daunenjacke – zu kreieren. Etwas zu entwickeln, hat mich schon immer gereizt. Ich erinnere mich, wie ich als kleiner Junge bei meinem Vater in der Tischlerei mit Holz gearbeitet habe: Mit fünf Jahren habe ich meine erste Leiter gebaut, um auf das Dach des Gartenhauses zu steigen, mit 15 fertigte ich einen Schreibtisch an, der genau auf mein Zimmer und meine Bedürfnisse zugeschnitten war, und mit 17 Jahren zimmerte ich schließlich ein Haus auf Stelzen. Dadurch, dass ich bei BlackYak in die Produktentwicklung eingebunden bin, ist mir bewusst geworden, dass mir das Konstruieren und Planen von neuen Dingen in den Genen liegt und mir unglaublich viel Freude bereitet. Wie wir in der Schweiz mit dem Entwicklungsteam Probleme angehen und Lösungen finden, gefällt mir und inspiriert mich. Meine komplette Traumausrüstung haben sie speziell auf meine Bedürfnisse ausgerichtet. Muss ich wieder einmal feststellen, dass vieles, was auf dem Markt erhältlich ist, einfach nicht gut genug ist, kann ich mit BlackYak genau da ansetzen. Zu wissen, dass meine Wünsche und Anregungen ernst genommen werden und ich durch meinen Input und meine Erfahrung neue Produkte mitentwickeln kann, die den Outdoor-Markt bereichern können, ist ein großartiges Gefühl. Für mich ist es die Chance, die Welt ein kleines bisschen besser zu machen.

Kaltes Wasser verursacht mir Kopfschmerzen. Eigentlich müsste das Wasser aufgrund der eisigen Temperaturen längst gefroren sein. Trotzdem zwinge ich mich, mindestens einen halben Liter zu trinken. Ich bin am Fuß des Berges angekommen. Vor mir liegen noch weitere elf Kilometer bis zur Straßensperre, von wo aus ich ein Taxi rufen kann. Ich setze mich sofort wieder in Bewegung, um nicht auszukühlen. Für eine Pause in den frühen Morgenstunden bei minus 19 Grad reicht meine Isolationsschicht einfach nicht aus. Ich habe alles genau auf die Aktivität abgestimmt. Leicht und schnell, das war mein Plan. Mittlerweile bin ich seit 28 Stunden unterwegs und spule immer noch das gleiche Programm ab. Brücke, Wasserwerk, Straßenschild, Zaunpfahl, Rettungsfahrzeug, Kurve, nasse Stelle beim Aufstieg, Pinkelplatz, Ast, Parkplatz. Ich nehme ein stark koffeinhaltiges Energy-Gel zu mir. Mein Körper lässt sich davon jedoch nicht mehr beeindrucken. Jeder einzelne Schritt hinterlässt ein warmes, ermüdendes Brennen in meinen Muskeln. Meine Konzentrationsfähigkeit scheint wieder zu steigen

17. Die Quelle des Wissens

und der Sekundenschlaf nimmt ab. Dafür brauche ich mir keine Sorgen zu machen, dass ich mir ernsthaft wehtun könnte. Umfallen kann ich mit den Skiern nämlich nur nach rechts oder links. Es ist eine Erlösung, als ich endlich die geräumte Straße und den Punkt sehe, an dem mich das Taxi vor etwa 31 Stunden abgesetzt hat. Dummerweise stelle ich in dem Moment fest, dass mein Handy den Geist aufgegeben hat. Also heißt es, Skier abnehmen und laufen, andernfalls wird's kalt. Ich bin am Ende meiner Kräfte. Ich beschließe, jedes vorbeifahrende Fahrzeug anzuhalten und an jeder Haustür, die meinen Weg kreuzt, zu klopfen. Aber natürlich begegnet mir um vier Uhr morgens mitten im Nirgendwo kein einziges Auto und die drei Häuser, an denen ich vorbeikomme, sind allesamt verlassen. Ich laufe stumpf weiter. Acht oder neun Kilometer liegen noch vor mir. Ich bin völlig erschöpft, mein Körper befindet sich bereits im Egal-Modus. Richtig oder falsch, Scheitern oder Erfolg, schwarz oder weiß – alles vermischt sich zu etwas Formlosem, Neutralem. Meine Gedanken ertasten die Tiefen der Dunkelheit und ich erkenne den Grund, warum sich meine Seele noch immer in dieser dunklen Nacht befindet. Ich bin dabei, Vertrauen, Liebe, Akzeptanz und Scheitern zu lernen.

Vor einer Stunde habe ich einen Kaffeeautomaten im Wald gefunden. Einen Kafeeautomaten! Im Wald! Und er funktionierte sogar! Der heiße Kaffee aus der Dose war … ohne Worte! Im Morgengrauen ziehen Wolken ihre Streifen an den Himmel. Ich erblicke die Lichter eines Autos, etwa zwei Kilometer, bevor ich meine Unterkunft erreiche. Ich halte es nicht an, ich gehe einfach weiter. Das Großartige ist, dass alles, was mir Sorgen bereitet hat, nichts weiter als ein Prozess ist. Ich war immer zu

Hause. Ich war immer das Licht, nach dem ich gesucht habe. Wie hätte ich sonst von der Dunkelheit gewusst? Ich hätte die Dunkelheit nie gesehen, wenn ich selbst dunkel gewesen wäre.

- Besonderheit: 8 Liter Cola und frische Unterwäsche
- Alter: 23 Jahre
- Zeit: Frühjahr 2016
- Ort: Annapurna (8091 Meter) / Nepal

18. Allein ohne Sauerstoff

Nationale und internationale Flüge
25 Tage Akklimatisation in Khumbu mit
Besteigung des Lobuche East (6119 Meter)
Base-Camp-Logistik und Versorgung für 42 Tage
Permits
Helikoptertransporte
Versicherungen

Gesamt: *etwa 11.000 Euro*

Es ist Mitte April 2016, als der Helikopter mal wieder im Base Camp landet. Die anderen Expeditionsteilnehmer und ich sind seit fast drei Wochen hier oben und verbringen den Großteil der Zeit damit, auf gutes Wetter zu warten. Das Annapurna Base Camp (4200 Meter) auf der Nordseite des Berges gehört zu den abgelegensten Base Camps der Achttausender. Nicht einmal die Sherpas wollen die schwierige und gefährliche Wanderung dorthin wagen. Deshalb reisen alle mit dem Helikopter an. Auch unsere Lebensmittel erhalten wir im Zehn-Tages-Takt über den Luftweg. Die Annapurna gehört zu den am seltensten bestiegenen Achttausendern und wird auch gern als »gefährlichster Berg der Erde« bezeichnet. Aus diesem Grund ist es auch nicht verwunderlich, dass sich mit uns nur 23 Bergsteiger im Base Camp aufhalten. Rechnet man Sherpas und Küchenteam noch hinzu, steigt die Zahl auf überschaubare 40 Personen. Nur zum Vergleich: Zur selben Zeit bevölkern allein auf der nepalesischen Seite des Berges bis zu tausend Leute das Base Camp am Everest. Ich genieße die Ruhe und sehne mich kein bisschen nach dem ganzen Trubel, den ich im letzten Jahr während meiner Lhotse-Expedition im Everest Base Camp erlebt habe. Auch der Umgang untereinander ist viel persönlicher, was das Ganze ebenfalls viel angenehmer macht. Ich schaue mir Dutzende von Filmen an, spiele täglich zwei Runden Schach und lese in den Büchern auf meinem iPhone. Nach ein paar Tagen bessert sich das Wetter endlich und wir entscheiden uns, zur Akklimatisierung zu Camp 3 auf 6500 Meter Höhe aufzubrechen.

Die Annapurna zählt zu den technisch anspruchsvolleren Achttausendern. Deshalb sind ausschließlich erfahrene Profibergsteiger unterwegs, die schon einige Achttausender bestiegen haben – ohne Sauerstoff. Umso mehr schockt es mich, dass viele unterhalb der Route zu Camp 3 stehen bleiben und wieder umdrehen. »Das ist mir zu gefährlich!«, höre ich sie sagen. Mir läuft es kalt den Rücken herunter und ich denke: Wenn die schon so einen Heidenrespekt vor dem gefährlichen Aufstieg

18. Allein ohne Sauerstoff

haben, wie soll ich es dann erst schaffen – und das noch ganz allein? Trotzdem lasse ich mich davon nicht beirren und steige etwas oberhalb von Camp 2 auf etwa 5800 Metern in die Route ein. Das Risiko scheint mir vertretbar zu sein. Dennoch muss ich schnell sein, führt der Ausstieg doch direkt unterhalb eines riesigen Séracs in die Höhe. Der Sérac weist viele große und kleine Risse und Schuppen auf. Er könnte also jederzeit einstürzen. Danach quere ich nach rechts und muss durch eine Rinne, durch die alle 20 Minuten Lawinen abgehen, weiter nach oben. Zum Glück sind die Abgänge relativ klein. Dagegen ist die Rinne wie ein großer Trichter geformt, der alles abfängt und nach unten schießen lässt. Früher oder später wird etwas Großes runterkommen. Davon muss ich ausgehen und dann bin ich besser nicht hier. Mir wird klar, warum dieser Berg als so gefährlich gilt. Es ist eine hässliche Route, die sich nur unterhalb von Séracs nach oben schraubt. Hässlich deshalb, weil das Eis des Gletschers seltsam durchgemixt wirkt, ohne eine Linienführung oder andere Elemente, die ich in den Bergen als schön empfinde. Außerdem könnten jederzeit Eisblöcke abbrechen und mich unter sich begraben. Es fühlt sich an, als ob ich jederzeit von etwas getroffen werden könnte. Zum Glück komme ich vor der heißen Mittagssonne, die die Gefahr eines Eisschlages um ein Vielfaches erhöht, im Camp 3 an.

Nur 50 Meter unterhalb hat sich ein Stau an einer senkrechten, 20 Meter hohen Eiswand gebildet, in dem etwa 15 Personen feststecken. Plötzlich schmeißt ein Träger, wie aus heiterem Himmel, seinen Rucksack in hohem Bogen den Berg hinunter, direkt in die gefährliche Rinne. Vielleicht ist ihm seine Last zu schwer geworden. Auf jeden Fall können wir alle beobachten, wie der Rucksack etwa 800 Meter nach unten poltert. Erst da wird dem Träger bewusst, was er eigentlich getan hat, und er macht sich reumütig an den Abstieg. Aber nur zehn Minuten bevor er den Einstieg der Route erreicht, schießt eine gewaltige Lawine durch die Rinne an ihm vorbei und begräbt die gesamte Ebene unter Eis und Schneemassen. Wäre er nur zehn Minuten schneller gewesen, wäre er jetzt tot. Aber nun hat Nadav, ein israelischer Bergsteiger, ein Problem: Er steht jetzt ohne Zelt, ohne Schlafsack, ohne Isomatte, ohne etwas zu essen und ohne Sherpa da. Und das in den eisigen Höhen auf 6500 Metern! Weil ich aus Platzmangel auf den Eisbalken schon jemanden bei mir aufgenommen habe, muss sich Nadav zu vier Sherpas in ein Zelt quetschen. Genau das ist der Grund, warum ich am liebsten allein unterwegs bin. Ich muss mich dann auf niemand anderen verlassen. Ich trage alles, was ich brauche, selbst hoch. Für mich ist diese Form des Bergsteigens viel reiner und unabhängiger – und letztlich auch belohnender. Außerdem ist die Herausforderung eine viel größere.

»Ich habe mich hochgeschlafen! Mit der richtigen Strategie zum Ziel.« So wollte ich meinen Vortrag nennen, aber meine Agentin war nicht sonderlich begeistert davon. Eigentlich wollte ich damit nur zum Ausdruck bringen, dass man sich große Ziele in viele Zwischenetappen einteilen sollte. An einem hohen Berg schlafe ich in Camps, um die Distanz in kleinere Etappen zu teilen (und um mich an die Höhe zu gewöhnen). Wäre ich ein Superheld, wäre Schlafen sicherlich meine Geheimkraft. Ich kann eigentlich überall schlafen: auf dem Motorrad, am Schreibtisch oder in einem vom Wind flatternden Zelt in der Todeszone. Gerade daraus schöpfe ich unglaublich viel Kraft. Guter Schlaf ist für mich der Schlüssel zum Erfolg.

18. Allein ohne Sauerstoff

Nach der ersten Akklimatisationstour und einem gescheiterten Gipfelversuch, den ich auf 7400 Metern bei Temperaturen unter minus 45 Grad abbrechen muss, zeigt sich das Wetter, wie schon die Wochen zuvor, von seiner üblen Seite und wir sitzen weiterhin im Base Camp fest. Sebastiano, ein italienischer Freund von mir, erfriert sich beim Abseilen sechs Finger und muss daraufhin ausgeflogen werden. Die Sherpas kennen den Grund für unser Pech: Schweinefleisch. Ihrer Meinung nach ist das alles passiert, weil wir unerlaubterweise Schweinefleisch mit an den Berg genommen haben. Das habe die Götter so erzürnt, dass sie uns nun mit schlechtem Wetter strafen. Tatsächlich hatte Sebastiano 15 Kilo besten Specks aus den Dolomiten mit im Gepäck, worüber wir uns auch regelmäßig hermachten. Ich weiß zwar nicht, ob mein Körper das Fleisch auf dieser Höhe überhaupt richtig verdauen kann, aber ich finde, alles was schmeckt, sollte erlaubt sein. Auch ich habe mir angewöhnt, bei Expeditionen ein bisschen Salami oder Käse von zu Hause mitzunehmen. Das steigert mein Wohlbefinden und ich schöpfe daraus irrsinnig viel Kraft. Um die Zeit im Base Camp irgendwie totzuschlagen, spielen Nadav und ich die meiste Zeit Schach mit unseren iPhones. Wir führen sogar eine Liste über Siege und Niederlagen. Eines Morgens mache ich den Vorschlag, sich auch einmal am Gipfel der Annapurna zu matchen. Nadav ist sofort begeistert. Was zunächst als Gag gemeint war, manifestiert sich in unseren Köpfen zur fixen Idee. Und obwohl wir während unserer endlosen Schachpartien nicht darauf verzichten, weiter den feinen italienischen Schinken in unsere Münder zu stopfen, scheinen uns die Götter doch noch gnädig zu sein. Zwei Wochen später jedenfalls zeigt der Wetterbericht, der sich aus globalen Daten und den Erfahrungen der örtlichen Flughäfen zusammensetzt, ein kleines Wetterfester an, das immerhin für einen Tag anhalten soll. Gedanklich hatte ich mich eigentlich schon darauf eingestellt, dass aus dieser Besteigung wahrscheinlich nichts mehr werden würde. Es ist bereits Ende April, normalerweise wird der Berg bis spätestens Mitte April bestiegen. Dieses Mal setzt mich der Gedanke an ein mögliches Scheitern nicht unter Druck. Ich bin ruhiger geworden. Es ist schön, hier zu sein und die Möglichkeit zu haben, all das erleben zu dürfen. Der Gipfel wäre ein Bonus. Und genau diese Einstellung sorgt dafür, dass ich die ganze Zeit über entspannt bleibe. Hätte der Wetterbericht zwei Wochen lang schlechtes Wetter prophezeit, dann wäre es eben so gewesen. Dann hätte ich mich darauf eingestellt. Aber es wäre kein Scheitern für mich gewesen, auch keine verpasste Chance.

Während ich aufsteige, merke ich, dass es deutlich wärmer geworden ist. Das Eis beginnt durch die Sonneneinstrahlung zu schmelzen, und der Schnee wird schwerer. Das Lawinenrisiko und die Eisschlaggefahr steigen damit auf ein Höchstmaß. Sollte es jetzt nicht klappen, werde ich in dieser Saison keinen weiteren Versuch unternehmen können – je länger man wartet, desto wärmer und gefährlicher wird es, bis schließlich der Monsun mit seinen Unwettern der Bergsaison ein Ende setzt. Vom Base Camp aus braucht man etwa vier Tage, um den Gipfel zu erreichen. Um Zeit zu sparen, gehe ich direkt vom Base Camp auf 4200 Metern zu Camp 2 auf 5600 Meter. Von dort steige ich hoch zu Camp 3 auf 6500 Meter. Alles fühlt sich nun viel leichter als zuvor an. Ich fühle mich bereit und kann es kaum erwarten, auf dem Gipfel zu stehen. Allerdings ist tags

18. Allein ohne Sauerstoff

darauf von dieser neu geglaubten Energie kaum noch etwas übrig. Meine Stimmung befindet sich auf dem Nullpunkt. Ich entschließe mich, mein Zelt nun etwas höher auf 7400 Metern aufzubauen, aber der Weg dorthin zieht sich in die Länge. Ich fühle mich am Ende meiner Kräfte. Alles verschwimmt vor meinen Augen. Wie soll ich morgen noch genügend Energie aufbringen, um den Gipfel zu erreichen? Erschöpft lasse ich mich auf den Platz fallen, wo ich mein Lager aufschlagen möchte. Bevor ich jedoch zu meiner wohlverdienten Ruhe komme, muss ich noch eine Zelt-Plattform in den steilen Schneehang graben. Ich schaffe maximal zwei Minuten am Stück, dann benötige ich eine Pause. Alles geht wie in Zeitlupe. David, ein anderer Solo-Bergsteiger, der in meiner Nähe ist, hilft mir dabei, die Plattform fertigzustellen. Ich bot ihm an, bei mir im Zelt unterzukommen. Sein Zelt ist viel instabiler als meines. Deshalb macht es keinen Sinn, es hochzuschleppen. Außerdem ist in meinem sowieso noch ein Platz frei.

Als das Zelt endlich steht, bleiben mir noch ganze drei Stunden Schlaf, bis ich um 21.30 Uhr wieder aufstehen muss. Ich beginne, Schnee zu schmelzen, doch es ist so unglaublich kalt, dass selbst das Gas in der Kartusche nicht mehr gasförmig wird. Der Gasdruck ist einfach zu niedrig. Um 22.45 Uhr habe ich erst 850 Milliliter Wasser geschmolzen. Ich muss trotzdem aufbrechen, ich bin schon viel zu spät dran. Ich verlasse das Zelt. Sofort packt mich der Wind mit seinen eiskalten Händen und wirbelt mich hin und her. David bricht jetzt ebenfalls auf. Eine kleine Lichterkette erstreckt sich vor mir in der Dunkelheit. Die meisten sind schon seit 21 Uhr unterwegs. Ich setze mich, so schnell es geht, in Bewegung, aber durch die unfassbare Kälte beginne ich, relativ rasch zu unterkühlen. Irgendwie schaffe ich es trotzdem, einen Fuß vor den anderen zu setzen. Wenn nur diese extreme Kälte nicht wäre! Ich trage vier Schichten unter meinem Daunenanzug, darunter ein hochisolativer Prototyp von BlackYak. Ich habe auch einige Wärmepads auf die Innenseite meiner Kleidung geklebt, die sich durch eine chemische Reaktion aufheizen. Öffnet man die luftdichte Verpackung, beginnen Eisenpartikel durch Oxidation eine exotherme Reaktion auszulösen. Die Pads wärmen erstaunlich gut, obwohl sie eigentlich Sauerstoff benötigen, um funktionieren zu können. Bevor ich sie eingeklebt habe, hatte ich die Pads eine Stunde lang an die Luft gehalten. Aber letztlich ist das nur ein Tropfen auf dem heißen Stein. Ich spiele ernsthaft mit dem Gedanken, umzudrehen.

Ich spüre, wie die Kälte in mich hineinkriecht und mir bis in die Knochen zieht. Eigentlich sind es nur minus 23 Grad, aber die Windböen sorgen für eine gefühlte Temperatur von mindestens minus 40 Grad, wie es in unserem Wetterbericht heißt. Die Annapurna ist bekannt für ihre niedrigen Temperaturen. Das hat auch etwas Gutes: Niedrige Temperaturen reduzieren die Lawinen- und Eisschlaggefahr. Um diese Gefahr weiter zu minimieren, sollte man deshalb möglichst früh in der Saison in Richtung Berg aufbrechen. Zum Vergleich: Ein Everest-Besteiger würde erst in einem Monat Richtung Gipfel losziehen. Ende April kann es nämlich noch vorkommen, dass der Jetstream auf den Berg trifft, ein starker, bandförmiger Windstrom mit Spitzengeschwindigkeiten bis zu 540 Stundenkilometern. Flugzeuge nutzen ihn, um schneller weite Strecken zurückzulegen, doch am Berg dagegen anzukämpfen wäre sinnlos, wir würden

18. Allein ohne Sauerstoff

einfach nur weggepustet werden. Bei mir reichen die Böen mit 60 Stundenkilometern schon vollkommen aus. Stück für Stück kühle ich weiter aus. Es wäre auch nicht schlimm, jetzt umzudrehen. Wenn ich ehrlich bin, ist es jedem anderen egal, ob ich diesen bedeutungslosen, eisbedeckten Steinhaufen besteigen werde oder nicht. Nur ich gebe dem Ganzen diese Bedeutung. Ich allein kann mich unter Druck setzen. Ich versuche meine Zehen zu bewegen. Ich spüre sie noch, auch meine Finger, es ist also alles noch im grünen Bereich. Ich beschließe, noch eine Stunde weiterzugehen und dann eine Entscheidung zu treffen. Der Gedanke, dass ich jederzeit umkehren kann, macht mich frei und beflügelt mich. Und als ich die ersten Sonnenstrahlen spüre, die sich ihren Weg über den Horizont bahnen, weiß ich, dass ich es schaffen werde.

Am letzten steilen Stück, etwa 20 Meter unterhalb des Gipfels, treffe ich auf Nadav, der sich bereits im Abstieg befindet. Er ist mit Sauerstoff unterwegs und war schneller als ich. Ich spreche ihn auf das Schachspiel an, doch erschöpft presst er hervor, dass sein Handyakku leer sei. Er hat die Rechnung aber ohne mich gemacht, ich habe extra eine Powerbank mitgenommen, um genügend Akkuladung für ein Spielchen zu haben. Also setzen wir uns in den Schnee und spielen Schach. Auf 8071 Metern gestaltet sich das Ganze aber eher so wie das Lösen eines komplexen mathematischen Problems, wenn man betrunken ist. Ich weiß nicht, worüber wir uns mehr freuen. Darüber, dass wir unser Vorhaben wirklich durchgezogen haben, oder darüber, dass die chaotische Schachpartie nach knapp acht Minuten vorbei ist und wir wieder weitergehen können. Auf jeden Fall hat es unendlich viel Spaß gemacht. Wer das Spiel gewonnen hat, verrate ich an dieser Stelle nicht. Darauf haben Navad und ich uns geeinigt. Das ist unser persönliches Gentlemen's Agreement.

Nadav setzt seinen Weg nach unten fort und ich nehme die letzten Meter Richtung Gipfel in Angriff. Ich fühle mich richtig gut, als ich ihn endlich erreiche. Die ganze Energie in mir macht sich frei, auch wenn ich wie durch einen Strohhalm atme. So fühlt es sich also an, auf einem Achttausender zu stehen. Um 13.33 Uhr stehe ich ganz oben. Es ist, als ob ich auf der Schwelle zum Weltraum stehen würde. Zumindest stelle ich mir das so vor. Unter der Wolkendecke liegt eine gigantische Berglandschaft. Doch mein Tunnelblick lässt mich das alles gar nicht richtig wahrnehmen. Ich spüre keinen Erfolg – nur Erleichterung. Dass ich erst der zweitjüngste Deutsche bin, der ohne Sauerstoff auf einem Achttausender gestanden hat, und dass Navad und ich mit unserer Schachpartie sogar einen Weltrekord geknackt haben, daran denke ich in diesem Moment nicht. Das Wetter hat sich verschlechtert und ich muss schnellstens absteigen. Die Wolken sind aufgestiegen und ich habe Angst, den Abstieg nicht mehr zu finden – eine Übernachtung auf über 8000 Metern könnte tödlich für mich enden. Der Himmel sieht mittlerweile aus wie Blei. Ich beginne zu halluzinieren. Überall liegen tote Bergsteiger im Schnee. Ich sehe andere Bergsteiger, wie sie vor mir absteigen, und folge ihnen. Wieder unten wird sich herausstellen, dass ich sie mir eingebildet habe. Theoretisch konnte sich dort auch niemand mehr aufgehalten haben, die anderen waren schon weit voraus. In all der Verwirrung und Orientierungslosigkeit weisen mir meine geisterhaften »Weggefährten« jedoch den richtigen Weg. Da es

18. Allein ohne Sauerstoff

bis zum Base Camp noch fast 4000 Höhenmeter sind, beschließe ich, eine weitere Nacht in Camp 4 auf 7400 Metern zu verbringen.

Mitten in der Nacht werde ich wach, weil ich ein dringendes Bedürfnis habe. Ich muss groß, also kann die Pinkelflasche leider nicht herhalten. Und ich merke: Es ist dringend! Ich reiße den mit Eis überzogenen Schlafsack und das Zelt auf und schlüpfe ohne Innenschuhe in meine großen Bergstiefel. Ich springe kopfüber aus dem Zelt und bleibe – als wäre ich eine Figur in einem Comic – eine Sekunde lang in der Luft stehen, bevor ich in die Tiefe rausche. Der Hang war gestern noch angetaut, doch über Nacht ist er zu Eis gefroren. Steinhart und rutschig. Ich rutsche nach unten, dabei bin ich völlig erschöpft, muss dringend kacken und habe meine Schuhe gar nicht zugemacht, die nutzlos an meinen Füßen baumeln. Aber ich bin der Situation vollkommen ausgeliefert. Ich kann nichts unternehmen. Und genau in dem Moment, wo ich langsam Fahrt aufnehme und immer schneller werde, mache ich mir im wahrsten Sinne des Wortes in die Hose. Mir wird der Abgrund in der Ferne bewusst, ich sehe vor mir schon, wie ich über die Klippe gehen werde. Aber auch dieses Mal habe ich Glück: Ein paar Steine gucken aus dem Eis, ich drehe und wende mich und steuere auf sie zu. Ich rutsche über die ersten drüber, die letzten beiden bringen mich schließlich zum Stehen. Puh, was für ein Ausrutscher! So kommt man also fast am gefährlichsten Berg der Erde um – bei den ganz normalen Strapazen des Alltags. Mühevoll steige ich wieder zum Camp hoch, wo ich meine Ausrüstung packe und mich an den Abstieg mache. Ich bewege mich entlang der Fixseile abwärts und dort, wo es möglich ist, setze ich mich einfach auf den Hintern und rutsche hinunter. Ich will nur noch nach Hause. Endlich im Base Camp wird mir bewusst, dass es vorbei ist. Alle anderen sind schon da, aber das ist nicht entscheidend. Ich habe es geschafft. Ich habe meinen ersten Achttausender bestiegen. Nach meinen eigenen Regeln. Und ich habe überlebt. Ich war oben, allein.

PS: Und endlich kann ich meine Unterwäsche wechseln ... Yes!

Besonderheit: geklautes Gas
Zeit: April 2017
Alter: 25 Jahre
Ort: Borgholzhausen

Epilog: Lerne und wachse

Wenn man sich das Leben wie ein Schachspiel vorstellt, hat jeder seinen eigenen Platz. Manche Menschen haben von vornherein mehr Möglichkeiten. Das sind die mächtigeren Schachfiguren wie die Dame oder der König. Anderen wird der Weg aufgrund ihrer Stellung schnell versperrt. Ich denke, dass ich auf dem Schachbrett des Lebens nur ein einfacher Bauer bin, trotzdem möchte ich mich nicht mit den vorgegebenen Regeln abfinden. Warum muss ich geradeaus gehen, wenn ich springen möchte? Und genau das tue ich, ich halte mich nicht an konventionelle Regeln. Ich mache große Sprünge, manchmal vielleicht sogar zu große, ganz nach dem Motto: Am besten alles und zwar sofort! Das Ausbrechen aus der Norm erfordert Mut und Selbstbewusstsein und birgt viele Risiken, vor allem, weil ich oft Dinge tue, bei denen es so aussieht, als wäre ich noch nicht bereit dafür. Gerade am Anfang habe ich durch diese großen Sprünge sehr viel gelernt, bin dadurch aber auch in so manche unnötige und sogar lebensbedrohliche Situationen geraten. Es gibt oft Abkürzungen zum Gipfel, doch sie führen häufig über gefährliche Pfade. Ich denke, dass ich mittlerweile ein relativ gutes Gespür dafür habe, wie weit ich über meine Grenzen hinausgehen kann, um mich nicht unnötigen Gefahren auszusetzen. Der Erfolg vieler Besteigungen lag oft nicht im Erreichen des Gipfels, sondern darin, möglichst viel zu lernen. Und ich habe auf die harte Tour gelernt, denn ich habe mich meinen Dämonen gestellt.

Die eigenen Dämonen – ein Gefühl, mit dem jeder etwas anderes verbindet: unerreichbarer Perfektionismus, der stressige Job, die unerfüllte Liebe. Es scheint etwas Fremdes von außen auf uns einzuwirken, als wären wir bestimmt dazu, zu leiden. Wir erschaffen diese Dämonen und hauchen ihnen das Leben und die Freiheit ein, uns einen Weg zu diktieren, den wir vielleicht nicht einmal beschreiten wollen. So wie wir sie erschaffen, können wir sie auch wieder zerstören. Hinter ihnen verbirgt sich eigentlich nur unsere Angst. Angst vor der Zukunft, Angst vor der Vergangenheit. Ich versuche im Hier und Jetzt zu leben. Was morgen ist, weiß ich nicht. Warum soll ich mir also Sorgen darüber machen, was noch nicht ist? Unter das, was gewesen ist oder auch nicht gewesen ist, muss ich einen Schlussstrich ziehen, nur so kann ich es aus der Distanz betrachten und daraus Kraft für neue Unternehmungen ziehen. Wahrscheinlich hört sich das so an, als ob ich alle Weisheiten für ein glückliches Leben bereithätte, aber dem ist natürlich nicht so: Es wird Zeit brauchen, bis ich die Liebe geben kann, die ich mir erhofft habe. Diese Liebe wird sich in den Menschen, denen ich sie gebe, widerspiegeln.

Epilog: Lerne und wachse

Mit dem Schreiben dieses Buches ist mir bewusst geworden, dass mein Ehrgeiz und der Drang nach großen Taten letztlich ein Schrei nach der Anerkennung und Liebe meiner Eltern war. Meine Wurzeln kennen, ist für mich ein wichtiger Schritt, um mich selbst besser kennen und verstehen zu lernen. Daran möchte ich wachsen. Die Ereignisse der letzten beiden Jahre haben mir gezeigt, dass es nur einen Weg für mich geben kann, und der führt in die Berge: Profibergsteiger. Eine Sache, die sich bei meiner Annapurna-Expedition ereignet hat, bestärkt meine Idee, allein unterwegs zu sein: Während des Gipfelsturmes hatte jemand mein Gas geklaut. Auch in Camp 3 und in meinem Depot in Camp 4 wurde Gas entwendet. Um irgendwie an Wasser zu kommen und nicht zu verdursten, musste ich das Gas eines bulgarischen Bergsteigers klauen. Er brauchte das Gas nicht so dringend wie ich, weil er bereits auf dem Abstieg war. Dass ich ihm Gas gestohlen hatte, habe ihm sogar noch am Berg gebeichtet. Trotzdem habe ich mich so schlecht bei der ganzen Sache gefühlt und das führte schließlich dazu, dass ich für mich beschlossen habe, von nun an noch konsequenteres Solobergsteigen betreiben zu wollen. Ja, es hat zwar bislang niemand meine Ausrüstung für mich hochgetragen, aber es waren immer noch andere Bergsteiger mit mir in den Bergen unterwegs. Alles das wäre mir nicht passiert, wenn ich ganz allein gewesen wäre. Allein bergzusteigen, ist die reinste Form für mich. Insgeheim träume ich davon, die Seven Summits im Winter komplett solo zu versuchen. Etwas Schwereres kann ich mir nicht vorstellen. Und genau das ist es, was mich mich jeden Morgen aufs Neue voller Tatendrang aus dem Bett springen und rufen lässt: Just go for it! Jost go for it!

256 Seiten
17,99 € (D) | 18,50 € (A)
ISBN 978-3-7423-0109-3

Juliana Buhring
Mein Weltrennen
Wie ich als schnellste Frau in nur 144 Tagen mit dem Rad die Welt umrundete

Obwohl sie zuvor nie viel Rad gefahren war, schaffte es Juliana Buhring 2012 als erste Frau, in Rekordzeit mit ihrem Rennrad die Welt zu umrunden. Nach nur acht Monaten Vorbereitungszeit und ohne Sponsoren startete sie im Dezember 2012 in Neapel. Völlig auf sich allein gestellt legte sie im Schnitt 200 Kilometer pro Tag zurück und durchquerte insgesamt 19 Länder und vier Kontinente. Sie überwand steile Berge, zähe Aufstiege und endlose Wüstenstraßen, kämpfte gegen starke Gegenwinde, monsunartige Regenfälle, tropische Hitze, lebensgefährlichen Straßenverkehr und vor allem gegen Schmerz und Erschöpfung. Sie erlebte atemberaubende Momente, lernte außergewöhnliche Menschen kennen, spürte das Gefühl echter Freiheit, aber auch, was es heißt, wirklich einsam zu sein.

Diese Autobiografie beschreibt nicht nur einen sportlichen Kampf mit allen Höhen und Tiefen, sondern auch eine Reise zum eigenen Selbst. Damit motiviert Juliana Buhring nicht nur Radsport-Fans, sondern auch alle, die über sich hinauswachsen wollen.